## LE THÉATRE CONTEMPORAIN

# UNE PÉCHERESSE

DRAME EN CINQ ACTES

PAR

Mme RÉGNAULD DE PRÉBOIS et M. TH. BARRIÈRE

REPRÉSENTÉ POUR LA PREMIÈRE FOIS, A PARIS, SUR LE THÉATRE DE LA GAITÉ, LE 25 MAI 1860.

Direction de M. HARMANT

**DISTRIBUTION DE LA PIÈCE:**

| | | | | |
|---|---|---|---|---|
| ANDRÉ STÉVENS, artiste graveur | MM. DUMAINE. | DEUX MILITAIRES | | Mmes LACROIX. |
| FRANCIS THÉVENOT, lieutenant aux chasseurs d'Afrique | | MARIE-MARION | | A. MONGEAL. |
| | MANUEL. | GENEVIÈVE, sœur d'André | | TALINI. |
| POLYDORE, camarade d'André | LACROIX. | BANCO, compagne de Marion | | C. DERVAL. |
| PIERRE, jeune paysan | ALEXANDRE. | ESPÉRANCE, idem | | E. CHEVALIER. |
| THOMAS BROUZE, riche Australien | DERVILLE. | MARIETTA, idem | | MATHILDE. |
| RADICHON, propriétaire, son ami | LEMAIRE. | NATHALIE, idem | | SOUTON. |
| OSCAR TURLUBEY | ZIMMER. | MARCELINE, paysanne | | |
| UN GARÇON DE RESTAURANT | BERTRAND. | JEUNES GENS DES DEUX SEXES, MASQUÉS | | |
| UN INSPECTEUR | JEANNIN. | | | |

De nos jours.

— Tous droits réservés. —

## ACTE PREMIER

### LA FÊTE DE SAINT-CLOUD.

Le jardin d'un restaurant : maison à gauche, bosquets à droite ; au milieu de la scène, un gros arbre entouré d'un banc ; tables et chaises de jardin. — Le jardin est fermé au fond par un mur, au delà duquel on aperçoit le haut des mâts garnis d'oriflammes et les divertissements populaires. Au-dessus de l'entrée du jardin, une enseigne : SALON DE 100 COUVERTS.

### SCÈNE PREMIÈRE.

POLYDORE, ESPÉRANCE, BANCO, MARIETTA, NATHALIE, OSCAR, GARÇONS allant et venant, JEUNES GENS et JEUNES FILLES.

(Tous sont groupés autour de Polydore, qui, assis sous un grand marronnier, un papier dans une main et un crayon dans l'autre, se dispose à écrire.)

POLYDORE.

Voyons !... voyons !... mes charmantes, aidez-moi à faire le menu du dîner... J'écris... Pour le potage d'abord... Quel potage ?...

NATHALIE.

Oh ! celui que vous voudrez.

POLYDORE.

Fort bien... Potage aux choux.

NATHALIE.

Fi !... l'horreur !

POLYDORE.

Lequel, alors ?

NATHALIE.

Ça m'est égal, pourvu que ce soit de la julienne.

POLYDORE.

C'est entendu... (Écrivant.) « Purée croûtons... Entrées... » Voyons ! pour entrées ?

ESPÉRANCE.

Eh ! vous nous ennuyez avec vos détails culinaires !

BANCO.

Arrangez cela vous-même, vous connaissez nos goûts, n'est-ce pas ?

POLYDORE.

Oh ! oui.

ESPÉRANCE.

Eh bien ! faites-nous donner ce que nous aimons.

POLYDORE.
Fichtre !... ça reviendra cher... Qui est-ce qui payera ?
OSCAR.
Moi... je vous ai invités; et même je vous donne carte blanche, faites bien les choses.
POLYDORE.
A la bonne heure ! parce qu'autrement, vous comprenez, ma fortune n'y suffirait pas.
NATHALIE.
Oh ! d'abord, on sait bien que vous ne payez jamais.
POLYDORE.
C'est vrai... c'est un principe chez moi... Il ne faut pas établir de mauvais précédents.
NATHALIE.
Polydore, seriez-vous avare ?
POLYDORE.
Non, je suis à sec.
ESPÉRANCE.
Cependant, vous avez du talent, comme graveur... Tout le monde le dit.
BANCO.
Et lui donc !
POLYDORE.
Et moi donc !
ESPÉRANCE.
Vous pourriez donc gagner beaucoup d'argent si vous vouliez ?...
POLYDORE.
Parbleu !... Mais je suis bien trop prudent pour cela.
MARIETTA.
Trop prudent ?... (Toutes rient.)
POLYDORE, se levant.
Oui, oui, trop prudent... Ainsi, voyons, raisonnons un peu... L'argent n'est-il pas la cause de toutes les passions, de toutes les folies et de toutes les sottises humaines ?... Oui, n'est-ce pas ?... Eh bien ! si j'avais de l'argent, ma chère Nathalie, je tomberais nécessairement dans les griffes d'un tailleur illustre qui me rendrait, en un rien de temps, aussi grotesque que la petite poupée mécanique qui était l'autre jour avec vous aux Bouffes-Parisiens.
NATHALIE.
Qui ça, Alcindor ?...
POLYDORE.
Justement, Alcindor... Voyez un peu pourtant, si j'avais de l'argent, je m'appellerais peut-être Alcindor... comme ce serait agréable !... Si j'avais de l'argent, ma belle Espérance, je serais peut-être assez niais pour cacher vos jolies épaules sous des flots de velours et de dentelles; je ferais des folies pour vous, ô Marietta !... et cela ferait du tort à pas mal de mes contemporains.
MARIETTA.
Malhonnête !
POLYDORE, continuant.
Et enfin !... ô Banco ! si j'avais de l'argent !... Oh ! je frémis quand j'y pense... si j'avais de l'argent, vous m'aimeriez peut-être, et peut-être qu'aussi, moi, je vous aimerais.
BANCO.
Eh bien ! vous ne seriez pas tant à plaindre...
POLYDORE, riant.
Qu'à blâmer, c'est vrai !
BANCO.
Monsieur Polydore, vous vous émancipez, je crois.
POLYDORE, lui prenant la taille.
Il faut hurler avec les loups.
NATHALIE.
Oh ! tout ça c'est des bêtises.
MARIETTA.
Et il faut dîner.
TOUTES.
Oui !... oui !... le menu ! le menu !
POLYDORE, se rasseyant.
Revenons au menu. Et puisque vous m'avez dit de le faire selon le goût de chacune de vous, voilà ! (Écrivant.) « Pour Espérance, qui a le palais délicat : Potage à la bisque, écrevisses bordelaises et truite saumonnée. »
ESPÉRANCE.
Pas mal.
POLYDORE.
« Pour Marietta, l'hirondelle voyageuse qui a si souvent picoré dans les modestes mansardes du quartier Latin : Du radis noir et des côtelettes aux cornichons. »
MARIETTA.
Très-bien !

POLYDORE.
« Pour Nathalie, qui aime tant l'élégance : Du bœuf à la mode. »
NATHALIE.
Qu'il est bête, ce Polydore !
POLYDORE.
Ah ! mais moi, c'est exprès !
NATHALIE.
Eh bien ?... et moi ?...
POLYDORE.
Oh ! je ne vous en veux pas !... (Tous rient. — Aux deux autres femmes.) Quant à Julie et Pauline, comme elles sont tout bonnement voraces, elles mangeront un peu de tout... (Récriminations des deux femmes, rires des autres.)
MARIETTA.
Eh bien ?... et Banco, est-ce qu'il n'y a rien pour elle ?
OSCAR, à Banco, avec laquelle il cause.
On parle de vous, je crois.
POLYDORE.
Tiens ! c'est vrai, je l'ai oubliée.
ESPÉRANCE.
Je vais vous dire, moi, ce qu'il faut servir à notre chère Banco... C'est un gros Allemand tout rôti, bardé de billets de banque, avec une couronne de baron dans les narines.
BANCO, qui s'est approchée du groupe.
Espérance !
ESPÉRANCE, riant.
Celui-là, du moins, ne s'envolera pas... comme l'autre.
BANCO, furieuse.
Prends garde, chère amie, avec moi, il vaut mieux avoir la paix que la guerre.
ESPÉRANCE.
Oh ! je suis bon cheval de trompette.
BANCO.
Ne t'y fie pas.
ESPÉRANCE.
Oh ! je sais que tu es rancuneuse, mais ça m'est égal, je ne te crains pas.
OSCAR.
Mesdames ! de grâce !...
POLYDORE.
Que diable ! vous pouvez bien être d'accord les jours de grandes fêtes, il n'y en a que quatre dans l'année.
MARIETTA.
Allons, Espérance, embrasse Banco.
ESPÉRANCE.
Merci ! je passe la main...
OSCAR.
Je la prends... (Il embrasse Banco.)
POLYDORE, finissant d'écrire.
« Parfait ! parfait glacé... quatre mendiants, roquefort et champagne ! » (A un garçon qui passe.) Tenez, garçon, voici la chose, et mettez les fourneaux doubles.
LE GARÇON.
Je vous demande un tout petit quart d'heure.
POLYDORE.
Très-bien, nous sommes fixés; nous dînerons dans une heure et demie. (Banco est remontée avec Oscar, et quelques autres personnes.)
MARIETTA, sur le devant, à Espérance.
Qu'est-ce que tu voulais donc dire tout à l'heure à Banco, avec ce baron allemand ?
ESPÉRANCE.
Comment ! tu ne connais pas sa dernière aventure ?
MARIETTA.
Mais, non...
ESPÉRANCE.
Au fait, c'est juste : dans ce temps-là, tu étais de l'autre côté de l'eau... tu faisais ton droit.
MARIETTA.
Hein ?
POLYDORE.
Mais non, mais non, elle était élève en pharmacie ; n'est-ce pas, Marietta ?
MARIETTA.
C'est possible... (A Espérance.) Raconte donc l'histoire de Banco !..
ESPÉRANCE.
Voilà ce que c'est... Chacun, comme on sait, n'a qu'une chance dans sa vie.
POLYDORE.
Et tout au plus.
ESPÉRANCE.
Or, Banco avait trouvé la sienne avec le riche baron en

question. — Malheureusement pour elle, huit jours auparavant, elle avait rencontré au théâtre un grand jeune homme pâle et mélancolique... comme dans les romans.

MARIETTA.
Un invraisemblable, quoi?

ESPÉRANCE.
Bref, vous connaissez Banco ; ce qu'elle veut, elle le veut bien. — Ce qu'elle eut de plus pressé dans sa nouvelle position de millionnaire... au mois, fut d'appeler l'artiste de ses rêves, sous prétexte de travaux d'art, un cachet à ses armes. (Riant.) Les armes de Banco! (Tous rient.) Elle comptait sur le prestige de sa beauté, de son luxe; elle en fut pour ses frais et pour sa baronnie, car l'Allemand apprit l'histoire, et fut insensible à ses larmes, comme M. André Stévens l'avait été à ses sourires.

POLYDORE.
André Stévens! c'était lui? Oh! alors, ça ne m'étonne pas.

ESPÉRANCE.
Vous le connaissez?

POLYDORE.
Parbleu! il est contre-maître dans l'atelier où je ne travaille jamais.

NATHALIE, avec dédain.
Avec tout ça, notre beau dédaigneux n'est qu'un ouvrier.

POLYDORE.
Ah! mon Dieu, oui!... pas autre chose... Que voulez-vous, ma belle Nathalie? pour vivre, on fait ce qu'on peut... vous savez bien.

NATHALIE.
Hein?

POLYDORE.
Pour en revenir à André, tout ouvrier qu'il est, c'est aussi un poète, un rêveur !

MARIETTA.
Ah! la mauvaise affaire!

POLYDORE.
Rêveur, le dimanche seulement, car, dans la semaine, c'est un rude piocheur. — Avec cela, un cœur honnête, une âme élevée, un sens droit.

MARIETTA.
Le sens droit! Qu'est-ce que c'est que ça?

POLYDORE.
C'est le sixième... du luxe... Bref, André a, sur beaucoup de choses de la vie, des idées à lui que vous trouveriez absurdes, je le parie.

MARIETTA.
Je parie pour vous.

POLYDORE.
Une entre autres sur la femme.

ESPÉRANCE, riant.
Ça doit être curieux.

POLYDORE.
En effet... il prétend que la plus belle parure de la femme, c'est sa vertu.

ESPÉRANCE.
Ce n'est pas comme ça qu'on ferait aller le commerce... des dentelles. (Tous rient.)

POLYDORE.
De l'esprit!.. Nous nous dérangeons.

ESPÉRANCE.
On fait ce qu'on peut. (Ils remontent.)

OSCAR, donnant le bras à Banco.
Voyons, ma chère Banco, ne me désespérez pas... Dites-moi qu'un jour je parviendrai à toucher votre cœur.

BANCO.
Monsieur Oscar, écoutez bien ce que je vais vous dire... Il y a, de par le monde, un homme qui m'a fait un outrage sanglant... celui qu'une femme ne pardonne pas... Eh bien, tant que je ne serai pas vengée de cet homme, mon cœur ne battra que pour la haine.

OSCAR.
Mais si ce n'est que cela, on peut...

BANCO, à demi-voix.
Oui, un duel, n'est-ce pas? Allons donc... le sang suffit à votre vengeance à vous autres hommes. — Il nous faut mieux que cela, à nous; il nous faut des larmes. (Ils s'éloignent.)

## SCÈNE II.

Les mêmes, THOMAS BROUZE, BADICHON.

THOMAS.
Ah çà, où diable me mènes-tu, Badichon?

BADICHON.
Viens donc, viens donc, sauvage; j'ai aperçu là, sous ces arbres, quelques gentils minois de ma connaissance, et je veux te les présenter.

THOMAS.
Ah çà, est-ce que tu crois que j'ai fait cinq mille lieues, d'Australie en France, pour venir visiter des guinguettes?... Et d'abord, dans quel pays sommes-nous ici?

BADICHON.
Mais, nous sommes à Saint-Cloud.

THOMAS.
Ah! ma foi! depuis vingt-cinq ans que j'ai quitté la Cannebière et Paris...

BADICHON.
Et si je t'ai amené ici, à cette fête, c'était pour les rejoindre, ces jeunes beautés, une surtout... (Soupirant.) Espérance!..

POLYDORE, l'apercevant.
Tiens, c'est M. Badichon.

ESPÉRANCE, bas.
Ce vieux qui me poursuit depuis si longtemps...

POLYDORE, bas.
Que vous finirez par l'attraper... c'est lui-même... (Haut.) M. Badichon, mon propriétaire... honoraire.

BADICHON.
En effet, monsieur Polydore, et je m'en réjouis tous les jours, puisque c'est chez vous que j'ai eu l'occasion de rencontrer parfois ces charmantes personnes. (Elles le saluent.) Mesdames, permettez-moi de vous présenter mon ami, M. Thomas Brouze, un Australien deux fois millionnaire.

ESPÉRANCE.
Vraiment!

THOMAS.
C'est-à-dire que je l'ai été deux fois...

ESPÉRANCE.
Ne le seriez-vous plus une?..

BADICHON.
Si fait, si fait, et une bonne encore.

MARIETTA, minaudant.
Monsieur est garçon?

BADICHON.
Il est veuf... comme moi... belle Espérance!.. car je suis veuf aussi.

POLYDORE.
Tiens, vous êtes bien d'âge à ça...

BADICHON, à Marietta.
Oui, Mademoiselle, mon ami Thomas Brouze est à remarier.

MARIETTA, avec empressement.
Si Monsieur voulait nous faire l'honneur de dîner avec nous?

THOMAS, riant.
Ah! ah! mon petit million vous irait assez, à ce qu'il paraît?

MARIETTA, naïvement.
Mais oui... j'ai quelques dettes, et...

THOMAS.
Eh bien, à la bonne heure, au moins, vous y allez franchement, vous, j'aime ça. — C'est ainsi que je me suis marié la première fois; ça ne m'a pas réussi du tout. — C'était à Melbourne... une jeune fille que j'étais allé chercher chez ses parents.

MARIETTA.
Ah! dame, voilà! Moi, je suis sans famille.

THOMAS.
Vous en avez bien l'air... Du reste, ça vaut peut-être mieux... Bref, ma femme m'a quitté pour un mineur de Ballarat, après m'avoir mangé mon premier million... Ça m'a vexé... Aussi c'est une affaire convenue... si je me remarie, et que ma femme me trompe, je la tue tout simplement. (Il tire un revolver de sa poche.)

TOUTES, effrayées.
Ah! mon Dieu!.. un pistolet!...

THOMAS.
C'est mon revolver... il ne me quitte jamais... c'est l'usage là-bas... C'est avec ça que se terminent toutes les discussions; et si j'avais des difficultés avec ma femme... voilà!... (Il montre le pistolet.)

NATHALIE.
Ah! l'horreur d'homme!

MARIETTA.
Il est charmant!

THOMAS.
Vous trouvez?... Eh bien, vous n'êtes pas mal non plus... Avez-vous un bon estomac?

MARIETTA.
Excellent... je digérerais le lingot d'or.

THOMAS.
Très-bien !
POLYDORE, au garçon qui passe.
Eh bien !... et le dîner ?
LE GARÇON.
Dans une petite minute.
POLYDORE.
Vous mettrez deux couverts de plus.
THOMAS.
Badichon, venez avec moi faire un tour dans les cuisines... (A Marietta.) Mademoiselle, je veux vous faire goûter d'un plat de ma façon. (A Badichon.) Suivez-moi Badichon !... (Ils sortent.)
POLYDORE.
Est-ce qu'il va nous faire manger du perroquet ? (Au garçon.) Ah ! garçon ! je vous recommande le champagne, frappez-le bien, de toutes vos forces.
LE GARÇON.
Oui, Monsieur. (Il sort.)

### SCÈNE III.

LES MÊMES, moins THOMAS BROUZE et BADICHON.

MARIETTA.
Du champagne !... il y aura du champagne ?
POLYDORE.
Oui, comme s'il en pleuvait.
MARIETTA.
C'est ça ; une averse !
NATHALIE.
Ça fait pousser la gaieté.
POLYDORE, à Marietta.
Et ça pousse au mariage...
NATHALIE.
Cette intrigante de Marietta, il lui faut des mineurs.
POLYDORE.
C'est l'usage, passé vingt-cinq ans.
MARIETTA.
Du champagne !... C'est cette pauvre Marion qui serait joliment à son affaire si elle était ici, elle qui l'aimait tant !
NATHALIE.
Qui ça, Marion ?
MARIETTA.
Comment !... tu ne t'en souviens pas ?
ESPÉRANCE.
Celle qui chantait toujours et qui ne dormait jamais.
NATHALIE.
Ah ! oui !... une belle fille, avec de grands yeux noirs... qui avait éternellement la fièvre.
BANCO.
La fièvre du plaisir.
POLYDORE.
Ou du remords... car je l'ai vue quelquefois bien triste et bien découragée.
BANCO.
Sait-on ce qu'elle est devenue ?
ESPÉRANCE.
On m'a dit qu'elle était morte à l'hôpital.
POLYDORE.
Pauvre fille !... Je lui disais bien que cette vie de plaisirs et de veilles la tuerait. Alors, elle souriait tristement, et elle disait : « Tant mieux ! »
NATHALIE.
Tant mieux ?...
POLYDORE.
Oui... elle était lasse de cette vie dans laquelle elle avait été jetée malgré elle, et, croyant qu'il était trop tard pour en changer, elle était contente de mourir.

### SCÈNE IV.

LES MÊMES, THOMAS, BADICHON, puis PIERRE.

BADICHON.
Mesdames, vous êtes servies.
POLYDORE.
Bonne nouvelle ! et qui doit chasser les tristes souvenirs... A table !
TOUS.
A table !
BADICHON, offrant son bras à Espérance.
Mademoiselle... (A Polydore, qui lui offre aussi le sien.) Ah ! monsieur Polydore, je vous en prie, laissez-moi l'Espérance !
ESPÉRANCE.
Charmant !

POLYDORE, cédant le bras de celle-ci.
Soit, monsieur Badichon... mais ça comptera pour un terme.
MARIETTA, prenant sans façon le bras de Thomas.
Bien vrai ?... vous la tueriez ?
THOMAS, gracieusement.
Foi de Thomas Brouze !
MARIETTA, langoureusement.
Ah ! je n'aurai jamais la chance d'être aimée ainsi !
THOMAS.
Peut-être !... (Tous entrent dans l'auberge.)
PIERRE, entrant, à Polydore, qui va suivre les autres.
Monsieur, la route de Paris, vous plaît ?...
POLYDORE.
Toujours tout droit, mon bonhomme. (Il sort.)

### SCÈNE V.

PIERRE, seul, puis LE GARÇON.

PIERRE, se confondant en révérences.
Bien obligé, Monsieur, bien obli... (Par réflexion.) Ah ! mais, au fait, toujours tout droit... De quel côté ?.. (Appelant.) Monsieur !... Monsieur !... Ah bah !... il ne m'entend plus... Ma foi, je vais me reposer un brin en attendant que... C'est égal, je suis moulu !.. C'est loin tout de même de chez nous ici... voilà bien huit jours que je marche !.. que je marche, parce que c'est ma volonté, entendons-nous, vu que mes moyens me permettraient de voyager en chemin de fer, et dans les troisièmes encore !.. Dieu merci, on a du bien au soleil... mais j'ai pas confiance dans leurs chaudières à vapeur, moi ; et si tout leur baladrau avait sauté, et moi avec, va te promener, j'aurais pas revu les ceux que j'aime, M. André Stévens et mademoiselle Geneviève, sa sœur... Ah ! mademoiselle Geneviève surtout !.. Si je ne l'avais pas revue, elle !.. et ses beaux yeux, et sa jolie bouche gouailleuse, et sa petite main si blanche et si leste !... Ah ! Dieu !... (Il commence à pleurer, un garçon entre.)
LE GARÇON.
Qu'est-ce qu'il faut vous servir ?
PIERRE, pleurant de plus en plus.
Rien... rien qu'à cette pensée, Monsieur, je sens mon cœur qui se fond. (Il pleure plus fort.)
LE GARÇON.
Voulez-vous un litre à douze ?
PIERRE, sanglotant.
Merci... vous êtes bien honnête. O Geneviève !
LE GARÇON.
Mais vous êtes ici chez le père Charlemagne.
PIERRE.
Ah ? Eh bien ! faites-lui bien mes civilités.
LE GARÇON.
Oh ! il ne s'agit pas de ça, mais de consommer ou de partir. (Il s'éloigne un peu.)
PIERRE.
Ah ! je comprends !.. (A part.) Tu n'es pas aimable, toi ; eh bien ! attends un peu. (Haut.) Vous êtes donc une auberge ?
LE GARÇON, qui revient vers lui.
Mais oui.
PIERRE.
Ah ! bon, bon ; et avez-vous un grand salon ?
LE GARÇON.
Un salon de cent couverts.
PIERRE.
Et on peut avoir tout ce qu'on désire ?
LE GARÇON.
Certainement.
PIERRE.
Eh bien ! donnez-moi deux sous de pain et quatre sous de marolle, avec un cintième.
LE GARÇON, avec dédain.
Du marolle ?..
PIERRE.
Eh bien, oui ! je pourrais manger autre chose, entendons-nous bien, mais je veux du marolle... voilà... (Il va pour entrer dans l'auberge ; se retournant.) Ah ! vous logez à pied et à cheval, n'est-ce pas ?
LE GARÇON.
Sans doute.
PIERRE.
Eh bien, alors, apportez-moi mon paquet. (Il sort. — Le garçon prend le paquet sur le banc et le suit d'un air furieux. — Marie et André ont paru au fond. — Ils descendent.)

# UNE PÉCHERESSE.

## SCÈNE VI.

### ANDRÉ, MARIE.

ANDRÉ, *soutenant Marie.*

Je vous disais bien, ma chère malade, que cette promenade était un peu longue pour une convalescente... mais enfin voici un peu d'ombre... voulez-vous que nous nous asseyions sur ce banc?

MARIE.

Volontiers.

ANDRÉ, *avec amour.*

Êtes-vous bien ainsi?

MARIE, *après s'être assise.*

Comme vous êtes bon pour moi, André... et que de reconnaissance!..

ANDRÉ.

Encore ce mot... Vous savez qu'il me fâche...

MARIE, *avec émotion.*

Cependant il est toujours sur mes lèvres comme il est dans mon cœur... Mais sans vous, je serais morte!

ANDRÉ, *s'asseyant près d'elle.*

Oui... Vous vouliez mourir!.. C'est dans ce moment désespéré que je vous vis pour la première fois... Je revenais de mon atelier... il était dix heures du soir, une jeune femme suivait la même route que moi. C'était vous!.. Votre démarche inquiète, l'agitation de votre personne me frappèrent... J'eus comme un pressentiment de malheur, et instinctivement je ne vous quittai plus des yeux... Arrivée sur le pont des Arts... vous croyant seule, vous...

MARIE, *l'interrompant.*

André!.. croyez-vous que Dieu me pardonne jamais?

ANDRÉ.

Oui... car pour en arriver à cette extrémité, vous aviez dû bien souffrir...

MARIE.

N'importe... Dieu seul a le droit de nous reprendre la vie qu'il nous a donnée... c'était un crime... Mais vous m'avez sauvée!.. Vous avez fait plus... vous avez continué votre œuvre généreuse... J'étais seule, sans ressource... vous m'avez donné un asile... vous m'avez fait soigner par de bonnes âmes... et vous-même, pendant ces quinze jours qu'a duré mon délire, vous m'avez veillée comme l'eût fait le plus dévoué des frères... Et pourtant, vous ne me connaissiez pas... vous ne saviez pas qui j'étais... d'où je venais... Vous ne me l'avez jamais demandé... Oh! tenez, votre cœur a toutes les délicatesses!

ANDRÉ, *souriant.*

Eh! mon Dieu... demande-t-on au soleil qui nous réchauffe d'où lui viennent ses rayons? Demande-t-on à la fleur dont le parfum nous enivre, si elle s'appelle rose ou jasmin?.. Oh! la respire, voilà tout! Vous m'aviez dit que vous vous nommiez Marie... et Marie est devenue pour moi le rayon et la fleur!.. Et puis, j'attendais toujours une confidence que vous m'aviez promise... Dites, me croyez-vous digne de l'entendre maintenant?

MARIE, *hésitant et troublée.*

Une confidence... si elle allait altérer votre amitié pour moi?

ANDRÉ.

Jamais!.. Est-ce que je ne vous connais pas depuis quinze jours?... Allez, Marie, il y a des choses qui ne trompent pas... C'est la pureté du regard, la retenue du langage... la douceur de la voix... c'est enfin ce je ne sais quoi de triste et de suave qui faisait que j'étais toujours tenté de m'agenouiller devant ma mère...

MARIE, *tristement.*

Votre mère... Ah! si elle vivait encore...

ANDRÉ.

Si elle vivait... elle vous dirait, Marie, ce que je n'ose pas vous dire... Elle vous dirait... que je vous aime... (*Mouvement de Marie.*) Oh! ne craignez rien... Je vous aime, c'est vrai... je vous aime avec toute l'ardeur de mon âme... mais je vous respecte... je vous respecte encore plus que je ne vous aime.

## SCÈNE VII.

### LES MÊMES, PIERRE.

PIERRE, *sortant de l'auberge, sans voir d'abord André.*

Je vous dis, moi, que votre marotte ne valait rien... vous n'aurez pas ma pratique, ah mais!..

ANDRÉ, *l'apercevant et venant à lui.*

Pierre!

PIERRE.

Monsieur André, mon parrain! Ah bien! en voilà une chance!..

ANDRÉ.

Pierre, c'est toi, à Paris?

PIERRE.

Mais oui... c'est moi... à Paris.

ANDRÉ.

Par quel hasard?..

PIERRE.

D'abord... dites-moi... êtes-vous content de me voir?..

ANDRÉ.

Si je suis content!.. Un brave garçon comme toi... un des meilleurs souvenirs que j'aie emportés du pays... Le pays!.. Tiens... tu le sens... tu sens les blés... ces beaux blés touffus qui entouraient la maison de mon père. Tu me demandes si je suis content de te voir!. Tiens, voilà ma réponse. (*Il lui tend les bras.*)

PIERRE, *l'embrassant.*

Bon monsieur André! Allons, Paris ne vous a point changé, vous êtes bien toujours le même.

ANDRÉ.

Et tout prêt à te servir, mon brave Pierre... quand tu m'auras dit ce qui t'amène.

PIERRE.

Dame!.. le désir de devenir quelque chose, comme tout le monde... Bédame! on reste ici bête dans nos pays... Ce n'est pas que les idées manquent... non... Dieu de Dieu, qu'elles ne manquent point!.. Mais c'est comme ça la chose de les faire sortir de sa tête, ce qui fait, par exemple, qu'un amour m'avance... juste comme les écrevisses.

ANDRÉ, *souriant.*

Ah çà... tu veux donc donner ton cœur?

PIERRE, *vivement.*

Mais oui, mais oui, et du bien avec... et pour le bon motif... (*Après un temps et avec embarras.*) Et alors, comme ça... comme ça... (*baissant les yeux.*) Mademoiselle Geneviève va bien?

ANDRÉ.

Je pense qu'elle se porte à merveille, cette chère petite sœur... Voilà quinze jours que je n'ai pu aller la voir dans le pensionnat où je l'ai mise, en attendant que je lui trouve une bonne maison de commerce. Ah! la mort de mon pauvre père m'a laissé une grande responsabilité... Je suis presque père de famille.

PIERRE, *qui regarde Marie.*

En attendant que vous le soyez tout à fait... car enfin... tout va chacun, quand il rencontre sa chacune, pense au mariage... (*Mouvement de Marie.*)

ANDRÉ, *gaiement.*

Qu'est-ce que tu disais donc, Pierre, que tu ne savais pas exprimer tes pensées?.. Tu parles comme un livre... Ne trouvez-vous pas, Marie?.. — Mais qu'avez-vous donc?.. vous êtes toute pâle... est-ce que vous souffrez?

MARIE, *avec effort.*

Un peu de fatigue seulement...

ANDRÉ.

Voulez-vous entrer dans l'auberge pour...

MARIE.

Non... merci!

ANDRÉ.

Alors, je vais à la recherche d'une voiture pour continuer notre promenade.

PIERRE.

Quand vous reverrai-je, André?

ANDRÉ.

Viens me voir demain matin... Tu sais mon adresse... Et si je puis t'être utile, compte sur moi

PIERRE.

Ce n'est pas de refus...

ANDRÉ, *à Marie.*

Je reviens!.. (*Il sort.*)

PIERRE, *à part.*

Comme il la guigne de l'œil!... — Allons, ça y est... j'en étais sûr... (*A Marie.*) Vot' serviteur, Madame!.. (*A part.*) Oh! c'est qu'elle est mignonne, tout d' même... Oh! ça y est... (*André l'appelle, il sort.*)

## SCÈNE VIII.

### MARIE, *seule.*

Noble André... il ne suppose pas qu'un autre motif que la fatigue ait pu faire pâlir mon front!.. Mais cette situation où je me trouve vis-à-vis de lui ne peut pas durer... Tôt ou tard, il apprendra la vérité. Oh! pendant qu'il l'ignore encore, ne devrais-je pas fuir loin... bien loin!.. Il accuserait la femme ingrate qui l'abandonne... mais il ne maudirait pas la femme perdue qui lui vole son estime et son amour. — Voilà ce que je me dis chaque jour... et chaque jour, le courage me manque... je recule... je transige avec ma conscience... J'en viens jusqu'à me dire qu'André ne saura jamais rien... car enfin, j'ai rompu avec toutes mes anciennes connaissances... et je ne les reverrai jamais... Oh! jamais!..

### SCÈNE IX.

#### MARIE, BANCO.

BANCO, allant regarder au fond.

C'est bien André que j'ai aperçu de la fenêtre. Est-ce que je pouvais me tromper aux battements de mon cœur... J'ai quitté la table... je souffrais. — Allons... de toutes les douleurs, la pire, c'est encore la haine... la haine qui est obligée de s'avouer son impuissance. — Oh! cet homme... Son souvenir seul suffit à empoisonner tous mes plaisirs!.. Et dire que je ne puis pas même être une ombre dans sa vie... Ah! si j'avais jamais une arme contre lui... Enfin... patience...
(Elle va pour rentrer dans la maison.)

MARIE, à part.

André ne revient pas... Je commence à m'inquiéter...

BANCO.

Que vois-je !.. Marion !..

MARIE, à part.

Elle!.. ô mon Dieu !..

BANCO.

Ah! par exemple... Mais tu es pâle à faire peur... Est-ce que tu as été malade?..

MARIE.

Oui... je le suis encore... Aussi, tu vois... je suis obligée de te quitter.

BANCO.

Mais non... tu te soutiens à peine... Je ne te laisserai pas seule dans cet état.

MARIE.

Banco... si tu as jamais eu un peu d'amitié pour moi, éloigne-toi, je t'en conjure; je te le demande les mains jointes...

BANCO.

M'éloigner... pourquoi?..

MARIE, avec embarras.

Pourquoi?.. Vois-tu... ne te fâche pas... mais tu es... une trop belle dame pour qu'une connaissance entre nous n'éveille pas les soupçons.

BANCO.

Comment... Ah! compris!.. tu es ici avec quelqu'un?..

MARIE.

Oh! ce n'est pas ce que tu crois...

Je ne crois que ce que je vois : c'est que tu fuis une ancienne amie.

MARIE.

Ce n'est pas toi que je fuis... c'est le souvenir... c'est le passé...

BANCO.

Il ne sait donc rien?

MARIE.

Il ne sait rien... et je l'aime... je l'aime, et je tremble sans cesse qu'il ne découvre ce passé terrible qui me fermerait son cœur... Ah! si l'on pouvait recommencer sa vie! Mais non, non, c'est impossible!

BANCO.

On peut toujours se taire.

MARIE

Sans doute; mais, se taire, c'est encore tromper.

BANCO.

Depuis quand est-ce tromper quelqu'un que de lui laisser ses illusions?.. Va! va! les hommes n'en demandent pas davantage.

MARIE.

Les natures vulgaires, oui... mais André n'est pas de ces natures-là.

BANCO.

André! Il se nomme André?

MARIE.

Oui; André Stévens!

BANCO, à part.

André Stévens! C'est lui!

MARIE.

Qu'as-tu donc?

BANCO, se remettant.

Rien, rien... et je te laisse, ma chère Marie, puisque...

puisqu'il y va de ton bonheur... (A part.) C'était André!.. et il l'aime! (Haut.) Adieu! je pars... Oh! ne me remercie pas. (A part.) Et moi qui demandais une arme contre lui!.. Ah! je l'ai maintenant, et je serai vengée de cet homme. (Elle sort.)

### SCÈNE X.

#### MARIE, ANDRÉ.

(Banco a à peine disparu, qu'André entre par le fond.)

MARIE, à part.

Voici André... Il était temps!

ANDRÉ.

Enfin, j'ai trouvé une voiture, ma chère Marie; et ce n'a pas été sans peine.

MARIE, avec effort.

En vérité?

ANDRÉ.

Souffrez-vous encore?

MARIE.

Non... mais j'ai hâte de quitter ces lieux. Partons, partons...

ANDRÉ, à part.

Quelle agitation!

MARIE, allant prendre son chapeau sur le banc.

Venez! venez !...

ESPÉRANCE, sortant du restaurant.

La voilà!... (Appelant dans la coulisse.) Mesdemoiselles, par ici!

MARIE, à part et avec effroi.

Ah! c'est de la fatalité!..

### SCÈNE XI.

ANDRÉ STÉVENS, MARIE, ESPÉRANCE, MARIETTA, NATHALIE, les deux JEUNES FILLES; puis, un peu plus tard, BANCO et POLYDORE.

ESPÉRANCE.

Bonjour, Marie!

MARIETTA ET NATHALIE.

Bonjour!

ESPÉRANCE.

Tu es donc ressuscitée?

MARIETTA.

Quel bonheur!...

ESPÉRANCE.

Mais embrasse nous donc!

ANDRÉ.

Que signifie?

MARIE, à part.

Je suis perdue!

ANDRÉ, à Marie.

Quelles sont ces femmes?...

TOUTES.

Hein?...

ANDRÉ, continuant.

Elles se trompent, n'est-ce pas, quand elles disent vous connaître?..

ESPÉRANCE.

Ces femmes? Apprenez, Monsieur, que nous sommes d'un monde très comme il faut.

MARIETTA.

Mais oui.

ESPÉRANCE.

Et ces femmes ne se trompent pas quand elles disent que Marion est leur amie, et... (Avec sentiment.) et que, bien souvent, elle a partagé leurs douleurs et leurs joies!...

MARIETTA.

Sans compter que c'était la plus gaie...

NATHALIE.

La plus folle de nous toutes.

ANDRÉ, stupéfait.

Oh! mais ce que j'entends là est infernal!... Il me semble que je deviens fou!... (Il saisit la main de Marie.)

MARIE, avec un cri.

André! vous me faites mal!

ANDRÉ.

Mais vous n'avez donc pas entendu ce qu'elles viennent de dire?... que vous ne leur avez pas dit encore qu'elles en ont menti!..

MARIE, se jetant à ses genoux.

André!...

ANDRÉ.

Vous! vous à mes pieds!.. (Avec des larmes.) Tout est donc vrai?... (Entrent Banco et Polydore.)

MARIE, suppliante.

André!.. écoutez-moi...

ANDRÉ, la repoussant.
Malheureuse!...

MARIE, avec désespoir.
Malheureuse! vous avez raison; oh! oui, bien malheureuse!... maintenant, et toujours!.. Et d'abord, malheureuse enfant! car j'ai été abandonnée toute petite... et recueillie... par qui... mon Dieu!.. Enfin.... un jour, à bout d'humiliations et de violences, j'ai fui, comme une folle, de cette maison où j'avais tant souffert; alors j'ai erré à l'aventure, couchant dans la rue, sur le pavé, mon berceau!.. Puis enfin, n'ayant plus rien, plus rien du tout!... (Avec des sanglots.) Oh! André! si je vous avais rencontré alors, vous m'eussiez donné du pain qui ne m'eût rien coûté; d'autres me l'ont vendu!.. Malheureuse femme aussi, car à l'heure où mon cœur a connu le repentir, où j'ai cru, pauvre insensée! qu'un amour vrai et pur pourrait être pour moi comme un second baptême, à cette heure-là, le seul homme que j'aie aimé me hait et me repousse!.. Ah!.. André!.. André! vous auriez bien dû me laisser mourir.

ANDRÉ, que les larmes gagnent peu à peu.
Marie!

ESPÉRANCE, bas à Marietta et pleurant.
C'est mal ce qu'elle nous a fait faire là?...

MARIE, que les larmes suffoquaient, reprenant.
Oui, je suis une malheureuse; oui, je vous ai trompé!.. Mais votre voix était si douce!... toutes ces paroles qui tombaient de vos lèvres étaient si nouvelles pour moi, que bien souvent je m'oubliais moi-même pour ne penser qu'à vous... J'oubliais la Marion des mauvais jours pour ne me souvenir que de votre Marie, comme vous disiez alors. — Pardonnez-moi, André, pardonnez-moi!... et adieu!... (Elle fait quelques pas.)

ANDRÉ, l'arrêtant.
Vous allez vous tuer!

MARIE.
Me tuer? pour laisser un regret dans votre vie?.. Oh!.. il n'y a pas de danger.

ANDRÉ.
Où... où allez-vous alors?

MARIE.
Je vais reprendre ma place au milieu d'elles...

ANDRÉ.
Quoi?

MARIE, avec amertume.
Nous autres, voyez-vous, nous sommes condamnées au plaisir à perpétuité. — Eh bien, je vais reprendre ma chaîne... (Sanglotant.) Mon Dieu! mon Dieu!... (Avec un violent effort, aux autres.) Partons!.. emmenez-moi!... emmenez!... (Avec un cri.) Ah!... (Elle chancelle, les femmes la soutiennent.) André!.. je meurs!.. pardonne!.. ce n'est pas ma faute! (Elle tombe inanimée sur une chaise qu'on lui a avancée.)

ANDRÉ, se précipitant vers Marie.
Marie! Marie! (Il couvre ses mains de baisers.)

POLYDORE, bas à Banco.
Ma chère Banco! vous avez fait une petite infamie pour rien.

BANCO.
Comment?

POLYDORE.
Avant un mois, Marie sera la femme d'André!... (Tableau.)

---

## ACTE DEUXIÈME.

### CHEZ ANDRÉ STÉVENS.

Une chambre modeste servant d'atelier et de salle à manger: cheminée, premier plan, et porte de la cuisine au deuxième, à gauche; armoire dans le mur à droite, deuxième plan; fenêtre au premier; grande table ovale, commode, établi de fleuriste; guéridon, chaises, porte-manteau à champignon, au fond; une chaise basse.

---

### SCÈNE PREMIÈRE
PIERRE, GENEVIÈVE.

(Geneviève est assise devant une petite table couverte de fleurs artificielles. — Sa tête est inclinée sur l'ouvrage qu'elle tenait à la main quand elle s'est endormie. — Pierre, assis comme Geneviève devant une petite table, sur laquelle il prépare des tiges de fleurs; seulement, il est tourné à demi du côté de la jeune fille, qui lui tournele dos; il parle avec chaleur et en faisant de grands bras par-dessus le dossier de sa chaise.)

PIERRE, continuant une déclaration commencée.
Oui, mam'selle Geneviève! vous vous moquerez du pauvre Pierre, vous le gifflerez si vous voulez, mais il ne pouvait pas garder son secret plus longtemps. (S'attendrissant.) Songez donc, Mam'selle!.. oh! ne m'interrompez pas!.. songez que, depuis dix-huit mois que je suis à Paris, et que depuis quinze que je travaille ici entre vous et Marie, la femme de votre frère André... songez donc, dis-je, que ce secret, il m'étouffe, il m'étrangle. — Eh bien, oui, Geneviève, je vous aime!... (Il se jette à genoux auprès de Geneviève qui lui tourne toujours le dos. — En ce moment, la main de la jeune fille glisse inerte sur ses genoux, et tombe devant Pierre, qui la saisit avec joie.) Sa main! sa petite main blanchette, elle me l'abandonne, elle la livre à mes brûlants baisers! (L'embrassant.) Oh! que c'est bon! mon Dieu! que c'est donc bon!

GENEVIÈVE, rêvant et d'un ton mutin.
Il n'y a pas assez de farine!

PIERRE, se relevant précipitamment.
Comment! pas assez de... (Se penchant sur Geneviève, et avec un cri de découragement.) Ah! nom d'un petit bonhomme! elle dormait... elle dort!... C'est donc ça qu'elle me laissait dire!... Quel guignon!... pour une petite fois que je m'enhardis!... (La contemplant.) Pauvre petite! elle a succombé à la fatigue... Dame! pour une jeunesse, deux nuits passées à travailler!... (Geneviève laisse aller sa tête sur le dossier de la chaise.) Est-elle mignonne comme ça! On dirait qu'elle est dans son dodo.... Oh Dieu! avoir ma tête comme ça, à côté de la sienne sur le même oreiller, et puis mourir... à quatre-vingts ans! (Il pose sa tête à côté de celle de Geneviève, et effleure ses cheveux de ses lèvres. — Geneviève, chatouillée, se réveille en lui donnant une tape sur la joue.)

PIERRE, avec un cri.
Aïe!

GENEVIÈVE.
Ah! j'ai cru que c'était une bête.

PIERRE, se tenant la joue.
Non, non, Mam'selle, ce n'est que moi.

GENEVIÈVE.
Eh bien! qu'est-ce que vous faisiez donc là?

PIERRE, embarrassé.
Je... je rangeais...

GENEVIÈVE.
Pourquoi m'avoir laissé dormir?

PIERRE.
Pourquoi? Mais parce que je savais que vous deviez être fatiguée... Dites donc, Mam'selle... vous rêviez tout à l'heure... (Avec passion.) Oh! dites-moi votre rêve?...

GENEVIÈVE.
Je rêvais que je faisais des crêpes.

PIERRE.
Ah! c'est donc ça que vous trouviez qu'il n'y avait pas assez de farine!... (A part.) Quelle âme innocente et pure!

GENEVIÈVE.
Voyons, il faut que je me dépêche de terminer cette botte de fleurs; donnez-moi ma gomme.

PIERRE, courant la chercher.
Voilà, Mam'selle, voilà!...

GENEVIÈVE.
Avez-vous fini mes tiges? (Elle travaille.)

PIERRE.
Je m'en occupe, Mam'selle, je m'en occupe. (Il lui donne la gomme.) C'est une violette que vous faites là, Mam'selle?

GENEVIÈVE.
Sans doute. Est-ce que vous ne connaissez plus les fleurs, à présent?

PIERRE.
Oh! si fait, et..... je connais même leur langage.

GENEVIÈVE.
Vraiment!

PIERRE.
Oui... Par exemple, la violette... c'est comme qui dirait la belle et bonne jeune fille bien simple, bien modeste... Ainsi, un supposé que vous, mam'selle Geneviève, vous seriez la violette, et que moi, moi, Pierre, je serais la... le...

GENEVIÈVE, riant.
Le coquelicot? Car vous êtes rouge; oh! mais, rouge!..

PIERRE, troublé.
Vous trouvez? (A part.) C'est l'émotion... Allons, décidément, je suis plus éloquent quand elle dort... (Geneviève le regarde en riant.) Allons, voilà encore que vous vous moquez de moi comme à votre habitude!

GENEVIÈVE.
Que voulez-vous, mon ami Pierre? vous avez quelquefois un air si... si...

PIERRE.
Si bête... Allez, dites le mot, ça ne me fâche pas, au contraire, puisqu'on dit comme ça que la bêtise, c'est l'esprit des amoureux.

GENEVIÈVE.
Vous êtes donc amoureux, monsieur Pierre?
PIERRE, à part, avec emphase.
Dieu clément! elle le demande!.. (Haut.) Si je suis amoureux?..
GENEVIÈVE, sérieuse.
Eh bien?..
PIERRE, à part.
C'est pas le moment. (Haut.) Mais... j'ai pas dit ça.
GENEVIÈVE.
Ah! à la bonne heure!
PIERRE.
A la bonne heure! Pourquoi ça?.. Et, après tout, qu'est-ce qu'il y aurait là de si étonnant? L'amour, Mam'selle, c'est une bonne chose, allez... à preuve, votre frère et sa femme, sa chère Marie; à les voir si bien d'accord, adorant à qui mieux mieux le cher petit être que Dieu leur a envoyé pour les unir encore davantage, est-ce que ça ne peut pas donner quelquefois l'envie, au lieu de vivre seuls, sans comparaison, comme vous et moi, d'être trois comme elle... et lui?..
GENEVIÈVE, se levant.
Je crois que j'entends Marie...
PIERRE, à part.
C'est-à-dire qu'elle ne veut pas me comprendre... Je m'étais pourtant bien expliqué... Deux qui deviennent trois, c'est clair...

### SCÈNE II.

#### Les mêmes, MARIE.

MARIE, entrant précipitamment.
André n'est pas revenu?
GENEVIÈVE.
Non, sœur...
MARIE.
C'est pour le mieux. (Elle ôte son chapeau.) Je vais bien vite réparer le temps perdu...
GENEVIÈVE.
Repose-toi, sœur, tu es tout en nage.
MARIE, s'asseyant.
J'ai marché vite, car il commençait à pleuvoir... mais je ne sens pas la fatigue... je suis bien trop heureuse pour cela.
GENEVIÈVE.
Que t'est-il donc arrivé?
MARIE.
Tu me demandes ce qui m'est arrivé, parce que je dis que je suis heureuse; mais, ma bonne Geneviève, depuis que j'ai épousé ton frère, je suis toujours ainsi. Ma vie est si bien occupée, mon cœur si bien rempli, que c'est comme un long rêve. Je n'ai eu qu'un seul chagrin! Oh! toi aussi, Geneviève, tu as pleuré, le jour où la santé de mon cher petit Jacques nous a forcés de lui choisir une nourrice à la campagne... Le grand air lui était nécessaire!.. Dire qu'il y a des gens qui prétendent que Vincennes est aux portes de Paris!.. Moi, je trouve qu'il y a des milliers de lieues entre moi et cette pauvre maison, perdue dans le bois, où mon cher petit enfant s'endort chaque soir dans les bras d'une étrangère!
(André entre et fait signe à Pierre de ne rien dire.)
GENEVIÈVE.
Patience!.. bientôt nous irons le chercher.
MARIE.
Bonne Geneviève!.. tu m'aimes bien, n'est-ce pas?..
GENEVIÈVE.
Oh! ne demande pas cela, méchante... Tiens, embrasse-moi!

### SCÈNE III.

#### Les mêmes, ANDRÉ.

ANDRÉ, se plaçant entre elles et recevant un baiser de chacune.
Merci, Mesdames!
GENEVIÈVE.
Ah! c'est traître!
ANDRÉ.
Petite égoïste qui veut tout pour elle! (A Marie.) Eh bien, que vois-je? une larme!..
MARIE.
Les larmes ne sont pas toujours le signe de la douleur... Ta sœur me disait qu'elle m'aimait bien... Tu vois que je n'ai pas lieu d'être chagrine.
ANDRÉ.
Tant mieux! car moi aussi je suis bien heureux! Devine ce que je rapporte.

MARIE.
Dame!..
ANDRÉ, gaiement.
Eh bien, je rapporte une tranche du Pérou... trois cents francs en or... Tiens, petite sœur, prends et encaisse... (Il lui donne un sac.)
PIERRE.
Trois cents francs à la fois!..
ANDRÉ, à Marie.
Ah! j'ai un fier poids de moins sur l'esprit, va... car, à présent, je suis sûr de pouvoir payer le billet qui échoit demain.
MARIE, à part.
Et moi qui voulais lui faire la même surprise... c'était bien la peine de tant courir... C'est égal, il est si heureux! je ne lui dirai rien...
PIERRE, qui réfléchissait, à André.
Je parie qu'on vous a fait une avance sur ce bel écusson auquel vous travaillez depuis huit jours?
ANDRÉ.
En vérité, tu as deviné cela, gros malin?.. Eh bien, oui, c'est vrai; on m'a fait une avance... Seulement, j'ai promis de livrer l'esquisse de l'écusson demain matin... je passerai donc la nuit à l'atelier...
MARIE.
La nuit tout entière?
ANDRÉ.
Il le faut bien... Mais, sois tranquille, on n'en meurt pas.
GENEVIÈVE, qui comptait l'argent.
J'ai beau compter et recompter, André, il n'y a pas trois cents francs.
ANDRÉ.
En effet; oh! j'ai fait de grosses dépenses... Il doit manquer dix-neuf francs cinquante...
GENEVIÈVE.
Juste!..
ANDRÉ.
Des objets de luxe... Pourvu que je ne me sois pas fait voler. — Estimez-moi cela. (Il tire un petit paquet de sa poche.) Ah! mon Dieu!.. je crois que je l'ai un peu chiffonné...
PIERRE, avec un cri d'admiration.
Un bonnet! un bonnet de petite fille!.. ça doit être pour votre petit garçon... (Mettant le bonnet sur son poing.) Voilà pourtant comme on nous coiffe dans notre tendre âge... (Regardant Geneviève et soupirant.) Voilà pourtant comme nous coifferions le troisième, si nous étions trois. (Il essuie une larme avec le bonnet.)
GENEVIÈVE, le lui prenant.
Eh bien! eh bien! qu'est-ce que vous faites donc?
PIERRE.
Je... j'estimais la dentelle.
ANDRÉ, tirant un autre paquet de sa poche.
Deuxièmement : un cachemire pour la nourrice.
PIERRE.
Oh! le joli fichu!.. rouge, vert et jaune... En v'là des couleurs un peu distinguées!
ANDRÉ, riant.
Comme on connaît les saints... Il y a de quoi révolutionner toutes les commères de Vincennes. (S'approchant de Geneviève.) Et enfin... Oh! je n'ai oublié personne... car la surprise de Marie, c'est pour dimanche... (A Geneviève, en lui donnant un objet.) Ai-je choisi ce petit porte-monnaie selon ton goût?
GENEVIÈVE.
Oh! qu'il est joli!.. Merci, frère.
ANDRÉ, à Pierre qui est debout devant lui, tendant sa main droite qu'il tient de la main gauche.
Qu'est-ce que tu attends?
PIERRE.
J'attends ma surprise... Vous dites, comme ça, que vous n'avez oublié personne.
ANDRÉ.
Mais j'ai pensé à toi, en effet, mon garçon.
PIERRE, joyeux.
C'est-il des bretelles?
ANDRÉ.
J'ai pensé à toi, en songeant à faire plaisir à tous ceux que tu aimes.
PIERRE, suffoqué tout à coup par l'émotion.
Ah! ah!.. monsieur André, que c'est bien dit!.. Voyez-vous, vous ne pouviez pas... Non, rien au monde... (Pleurant.) Ah! que c'est donc bien dit!..
ANDRÉ, riant.
Allons, ne pleure pas...
PIERRE.
C'est plus fort que moi.

GENEVIÈVE, lui donnant la main.
Pierre, vous êtes un bon garçon.
PIERRE, joyeux.
Vous avez dit?.. Oh! Mam'selle. (A part.) Elle m'a donné la main!.. et elle ne dormait pas... O mes rêves dorés!..
GENEVIÈVE.
Venez à la cuisine...
PIERRE.
A la...
GENEVIÈVE.
Eh! oui.. il faut bien que vous me souleviez la marmite pour que je remette du feu dessous.
PIERRE, avec une grimace, à part.
La marmite!.. Enfin!..
GENEVIÈVE.
Venez-vous?
PIERRE, vivement.
Oui, oui, Mam'selle... je vais soulever la... Pour vous! oh! pour vous, je soulèverais le monde!..
GENEVIÈVE, riant.
Je ne vous en demande pas tant. (Elle entre dans la cuisine.)
PIERRE, la suivant.
Fleuriste et marmiton, c'est vrai; mais par amour!.. (Il disparaît.)

## SCÈNE IV.
### ANDRÉ, MARIE.

ANDRÉ.
Et maintenant, ma chère petite femme, ma surprise, la voici : le billet payé, il reste trente-huit francs cinquante centimes, sur lesquels il y a à prendre un bon déjeuner pour dimanche à Vincennes, et un dîner aussi!.. une journée complète; et personne ne manquera à la fête, ni la nourrice avec son fichu couleur de l'arc-en-ciel, ni M. Jacques avec son bonnet neuf. Voilà ma surprise... qu'en dites-vous, Madame?

MARIE, l'embrassant.
Je dis que tu es le meilleur des hommes, mais que dimanche c'est encore bien loin!..

ANDRÉ.
Bah! les journées passent vite avec le travail, et les nuits plus vite encore... avec un baiser...

MARIE.
Il t'est facile d'avoir de la patience, à toi... tu l'as vu hier, notre fils.

ANDRÉ.
Pauvre chérubin! il ne reprend pas vite ses couleurs.

MARIE.
Est-ce que tu serais inquiet?

ANDRÉ.
Non, non... et d'ailleurs, puisque Marceline n'a rien écrit, c'est qu'il va tout à fait bien.

MARIE.
Oh! que Dieu t'entende!
ANDRÉ, apercevant le chapeau de Marie.
Marie, est-ce que tu es sortie ce matin?
MARIE, hésitant un peu.
Non, mon ami... Pourquoi me demandes-tu cela?
ANDRÉ.
Pour rien... (Il touche le chapeau, à part.) Des gouttes de pluie!.. Mais il pleuvait tout à l'heure... Pourquoi donc me cache-t-elle une action aussi simple?..
MARIE.
Tu vas travailler?
ANDRÉ, distrait.
Oui.
MARIE.
A ton esquisse?
ANDRÉ, de même.
Non.
MARIE.
Est-ce que cela t'ennuie que je parle?
ANDRÉ.
Pourquoi cela m'ennuierait-il?
MARIE.
Je ne sais pas, mais il m'avait semblé... Je me suis trompée? Tant mieux!
ANDRÉ, toujours préoccupé, à part.
Oui, il est quelquefois doux de se tromper... (Après un temps.) Dis-moi, Marie, il y a quelque temps, tu avais une pauvre vieille protégée que... tu secourais en cachette.

MARIE.
Comme si j'avais pu te croire capable de m'en empêcher, toi si bon... c'était mal!
ANDRÉ.
Aussi, quand je l'ai appris, t'ai-je grondée bien fort... Eh bien! est-ce que, malgré cela, tu y retournerais encore sans vouloir me le dire?
MARIE.
Oh! quelle idée!.. D'ailleurs, nous ne sommes pas assez riches en ce moment.
ANDRÉ, à part.
Ce n'est pas cela... Cependant, elle est sortie. (Après un nouveau temps.) Marie!
MARIE.
Mon ami?
ANDRÉ, avec un peu d'embarras.
Tu... tu ne revois plus aucune de tes connaissances... d'autrefois, n'est-ce pas?
MARIE, avec un tressaillement, et du ton d'un douloureux reproche.
Oh! André!.. que me demandes-tu?
ANDRÉ.
Mais...
MARIE.
Oh! tu es cruel; tu m'as fait froid là...
ANDRÉ.
Marie, je n'avais pas l'intention de te faire de la peine.
MARIE.
Alors, tu m'en as fait sans le vouloir.
ANDRÉ, à part, avec un geste d'impatience.
Elle ne m'a toujours pas répondu... Les femmes sont plus adroites que nous.
MARIE, à part, avec chagrin.
C'est la première fois, depuis notre mariage, qu'André fait allusion au passé... Mon Dieu! il me semble que cela doit nous porter malheur.
ANDRÉ, qui l'observe.
Voyons, Marie, qu'as-tu?.. Tu es troublée, cela saute aux yeux... A quoi penses-tu? Pourquoi ne me dis-tu pas tout de suite où tu es allée, puisque...
MARIE.
Puisque?
ANDRÉ, avec impatience.
Eh!.. puisque les gouttes de pluie qui sont sur ton chapeau me prouvent que.
MARIE.
Assez! assez, André, tu pleureras tout à l'heure.
ANDRÉ.
Je pleurerai, dis-tu?..
MARIE.
André.... tu viens de soupçonner Marie... (Bas et avec douleur.) on te ressouvenant de Marion.
ANDRÉ, avec un mouvement.
Marie!... Marie!...
MARIE, suppliante, et avec des larmes.
Prends garde, mon André!.. prends bien garde à tes moindres paroles!... Songes-y, chère âme!.. (D'une voix très-basse, pleurant et le front courbé.) ce que tu pourrais dire à une autre, tu ne dois pas me le...
ANDRÉ, lui mettant la main sur la bouche.
Oh! tais-toi! à ton tour, tais-toi!... Ne me demande plus rien, je ne veux rien savoir!... Pardon!.. pardon! je t'aime!
MARIE, tristement.
C'est égal! j'ai eu une mauvaise inspiration ce matin... (Elle lui tend un billet.)
ANDRÉ, le prenant.
Que vois-je?.. mon billet acquitté!
MARIE.
Depuis longtemps, je te voyais triste, tourmenté, je ne pouvais prévoir qu'on te ferait une avance... Alors, j'ai travaillé trois heures de plus chaque nuit; les deux dernières, nous les avons passées, Geneviève et moi, et... Ah! je n'aurais pas dû être punie pour cela...
ANDRÉ, s'asseyant.
Ma pauvre Marie!.. Et j'ai pu!...
MARIE, essayant de sourire.
Il me manquait vingt francs... Tu ne sais pas ce que j'ai fait? J'ai cassé la tirelire de notre petit Jacques, il y avait la somme... A nous deux nous le rembourserons, n'est-ce pas?.. Mais qu'as-tu donc?.. tu ne me réponds pas?
ANDRÉ.
Je pleure...
MARIE, l'embrassant
Cher André!... Tu n'auras plus de mauvaise pensée, n'est

ce pas? Ah! dama! c'est avec cela qu'on chasse le bonheur. (Pour toute réponse, André la presse contre son cœur. — Pierre entre, pressant contre le sien une pile d'assiettes.)

## SCÈNE V.

### LES MÊMES, PIERRE, puis GENEVIÈVE.

PIERRE, à lui-même et marchant tout en regardant à la cantonade.
Soyez tranquille, mademoiselle Geneviève je fais bien attention... (Regardant du côté de Geneviève.) Est-elle assez gracieuse à secouer sa salade!... Je ne sais pas comment elle s'y prend, mais c'est-à-dire qu'une reine ne la secouerait pas comme ça; elle vous a des petits mouvements. (En voulant imiter Geneviève avec sa pile d'assiettes, les quatre de dessus lui échappent et vont sauter au bout de la chambre. — Avec stupéfaction.) Ah ! nom d'un petit bonhomme!...

ANDRÉ.
Allons, bon ! voilà que tu casses les assiettes, à présent !

GENEVIÈVE, sortant de la cuisine.
C'était bien la peine de vous dire de faire attention.

PIERRE.
C'est étonnant!... Elles n'ont pourtant sauté que jusqu'au bout de la chambre... Ben sûr elles avaient une paille.

GENEVIÈVE.
C'est bon, maladroit... Je ne sais pas ce que vous avez depuis quelque temps, mais vous devenez insupportable.

PIERRE.
Vous avez bien raison, allez, je m'insupporte moi-même.

GENEVIÈVE.
Allons! aidez-moi à mettre le couvert, et tâchez de prendre garde cette fois; car on dit qu'il faut toujours casser trois choses...

PIERRE, ramassant les quatre assiettes cassées.
Par bonheur que j'en ai cassé quatre...

ANDRÉ.
Ah ! à propos!.. Marie, Geneviève, j'ai invité quelqu'un à dîner...

MARIE.
Et tu ne le disais pas!

GENEVIÈVE.
Mais nous n'avons que le pot-au-feu!

ANDRÉ.
Qu'importe? c'est un ami. Il n'y a pas besoin de se gêner avec lui. D'ailleurs, quand il y a deux ans qu'on ne s'est vu, on a trop de choses à se dire pour s'apercevoir de ce qu'on mange.

GENEVIÈVE.
C'est donc quelqu'un que nous ne connaissons pas?

ANDRÉ.
Vous ne le connaissez pas, en effet, mais vous serez bien vite à l'aise avec lui, je vous en réponds, car c'est le plus grand cœur et le meilleur enfant que je connaisse.

GENEVIÈVE, riant.
Ce n'est pas une raison pour le faire jeûner.

ANDRÉ.
Eh bien, le rôtisseur est à deux pas, et avec une bonne salade, nous ferons un repas des dieux.

POLYDORE, entrant.
Un repas des dieux? Ah bien ! s'il n'y a que du nectar et de l'ambroisie, je ne m'invite pas.

ANDRÉ.
C'est Polydore; entre donc, et sois le bienvenu.

## SCÈNE VI.

### LES MÊMES, POLYDORE.

POLYDORE.
Bonjour, André! bonjour, madame Stévens! bonjour, belle petite Geneviève! (Frappant sur la tête de Pierre.) Bonjour tout le monde!

PIERRE, à part.
C'est moi qui suis tout le monde. Il a des façons qui me déplaisent ce citoyen-là.

POLYDORE.
Ah çà! on traite donc ici?

ANDRÉ.
Oui, un vieux camarade à moi... que je n'ai pas embrassé depuis bien longtemps... à une certaine époque, on l'a cru mort, aussi j'éprouve une joie à la pensée de le revoir...

POLYDORE.
On s'embrassera, on pleurera, je pleurerai avec vous; j'ai joliment bien fait de venir.

PIERRE, à part.
Je ne trouve pas, moi.

MARIE.
Vous nous excuserez, monsieur Polydore, mais Geneviève et moi, nous avons quelques soins à...

POLYDORE.
Allez donc! allez donc, mes gentilles petites ménagères. (Elles entrent dans la cuisine.)

PIERRE, gravement.
Monsieur voudra bien m'excuser aussi, mais il faut que j'aille chez le rôtisseur. (Polydore éclate de rire. — Pierre à André.) Qu'est-ce que je vais commander, mon parrain? un poulet ou un dindon?

POLYDORE.
Prends un dindon, mon ami, tu dois t'y connaître.

PIERRE, à part.
Oh! oui, qu'il a des façons qui me déplaisent! (Haut.) Je vas au dindon, Monsieur. (Il sort.)

## SCÈNE VII.

### ANDRÉ, POLYDORE.

ANDRÉ, s'asseyant.
Eh bien, voyons, que deviens-tu?

POLYDORE, prenant aussi une chaise.
Tu vas rire, je deviens travailleur; je ne m'amuse plus qu'un jour sur quatre.

ANDRÉ.
Pourquoi as-tu changé d'atelier?

POLYDORE.
Parce que dans l'autre, (Riant.) j'étais trop connu. Oui, cher ami, je suis en train de devenir un piocheur comme toi; c'est pourtant ton exemple qui est cause de ça, et aussi la vue de ce petit intérieur, si calme, si honnête!

ANDRÉ.
Vraiment?

POLYDORE.
Dans le commencement, quand au lieu d'aller courir les enfers comme autrefois avec des diables et des diablesses de ma connaissance, je me faisais la loi de passer toute la soirée du dimanche au milieu de vous, sous vos abat-jour enchifrenoisés et sur votre loto patriarcal, je te l'avoue, j'avais des éblouissements, des vertiges; cet amine me faisait peur, cette simplicité me faisait froid; puis, peu à peu, je n'ai plus trouvé de plaisir que dans nos causeries au coin du feu, et dans nos orgies de cidre et de marrons. Tu le sais, j'ai une nature assez malléable, moi, je prends vite toutes les empreintes, celles du bien comme celles du mal. J'ai pris chez toi l'empreinte du bonheur, et je prétends m'en faire un sur le même modèle.

ANDRÉ.
Ce cher Polydore!..

POLYDORE, se levant ainsi qu'André.
J'avais volé ma réputation d'homme d'esprit, et je veux gagner ma réputation d'homme de cœur.

ANDRÉ.
Tiens, cela me réjouit de t'entendre parler ainsi; tu viens de doubler mon bonheur en m'apprenant qu'il a pu t'être utile.

POLYDORE.
Et il me l'a été, je t'en réponds... J'ai rompu avec toutes mes anciennes liaisons; je n'ai conservé que deux échantillons d'originaux. Maintenant qu'ils sont mariés, je me propose de les voir de temps en temps comme étude... Ce sont MM. Thomas Bronze et Radichon... Je veux savoir ce que deviendra ce bizarre accouplement de mon propriétaire avec Espérance, et de l'Australien féroce avec Marietta...

ANDRÉ.
Polydore, je t'en prie, ne prononce jamais ces noms-là ici... Geneviève pourrait t'entendre...

POLYDORE.
Oui, tu as raison... (A part.) Imbécile que je suis... (Haut.) Tu ne m'en veux pas, André?

ANDRÉ.
Mais non, mais non...

POLYDORE, gaiement, et pour distraire André.
Et notre petit Jacques va bien ? Il grandit, j'espère... Quel amour d'enfant!.. et quel ange de femme!.. Ah! tiens, vois-tu, André, voilà ce que je demanderais au ciel... ce serait une compagne bonne, aimante et dévouée comme ta chère Marion.

ANDRÉ, vivement.
Appelle-la Marie, n'est-ce pas ?..

POLYDORE.
Marie, oui, Marie... (A part.) Décidément, je ferai mieux de me taire, moi...

UNE VOIX, au dehors.
C'est à droite ?.. Ah! oui, j'y suis; merci!
ANDRÉ, à Polydore.
C'est le convive que nous attendons...
POLYDORE, à part.
Tant mieux!

## SCÈNE VIII.

LES MÊMES, FRANCIS THÉVENOT.

FRANCIS, entrant.
Tu vois, André... heure militaire!
ANDRÉ, allant à lui et lui serrant la main.
Ce cher ami!.. (A Polydore.) Francis Thévenot, lieutenant aux chasseurs d'Afrique! (A Francis.) Polydore Ardon, mon meilleur ami, après toi!
FRANCIS, saluant.
Monsieur...
POLYDORE.
Enchanté, lieutenant, de faire votre connaissance. Moi-même j'ai servi quelque temps... assez mal, il est vrai, mais enfin, j'ai servi...
FRANCIS.
En Afrique?
POLYDORE.
Oui, pendant quinze mois, dans les zouaves... Et, chose assez bizarre, j'ai suivi trois expéditions sans tirer un coup de fusil... J'avais toujours le crayon à la main, je dessinais au milieu des balles, c'était très-amusant..
FRANCIS, souriant.
Ah bien! moi... je ne savais pas dessiner...
ANDRÉ.
Mais tu savais bien te battre.
FRANCIS.
Je faisais de mon mieux.
ANDRÉ.
Mon pauvre vieux Francis! S'ils me l'avaient tué, cependant!.. (Il va chercher l'absinthe et les verres.)
FRANCIS, riant, et allant s'asseoir ainsi que Polydore.
Ma foi! ils y ont lâché quelquefois... et, je dois l'avouer, ces deux ou trois fois-là, et quand j'ai dû croire que tout était dit pour moi, j'ai jeté involontairement un regard en arrière.
POLYDORE.
Tout en marchant en avant?
FRANCIS.
Oui, et mes lèvres ont envoyé vers la France des adieux tout pleins de regrets... Il y en avait un pour toi, André, et un autre...
POLYDORE, riant.
Pour elle?
FRANCIS.
Oui, pour elle...
ANDRÉ.
Ah! sournois, tu ne m'avais rien dit de cela!
FRANCIS.
Quand je l'ai rencontrée lors de mon dernier congé, tu étais en voyage, et quand je suis parti, tu n'étais pas encore revenu.
ANDRÉ, riant.
Allons, je te pardonne si elle est jolie, et surtout si elle est bonne.
FRANCIS.
Elle est aussi jolie que bonne, aussi bonne que jolie.
ANDRÉ, faisant l'absinthe.
Et tu l'as revue depuis ton retour?
FRANCIS.
Non; mais je vais bientôt la revoir.
ANDRÉ.
Allons! à la santé de tes amours, mon bon Francis: et à ton bonheur!
FRANCIS.
Merci! (Ils boivent.)
ANDRÉ.
Ah çà! vous vous écriviez là-bas?
FRANCIS.
C'était impossible, mon ami... Depuis le jour où j'ai remis le pied sur la terre d'Afrique... nous n'avons pas posé notre tente plus d'un jour dans le même endroit... mais j'avais sur mon cœur les lettres qu'elle m'avait écrites pendant les deux mois passés près d'elle à Paris. (A Polydore qui sourit.) Ah! ah!.. mon artiste zouave, vous me trouvez un peu élégiaque, n'est-ce pas?.. Que voulez-vous?.. Deux ans consécutifs passés en Afrique, en tête-à-tête avec la mort, cela bronze le front, mais ça ne bronze pas le cœur... A chaque congé, au contraire, il rajeunit de dix ans!..
POLYDORE.
Et là... entre nous, jamais d'infidélité à vos souvenirs, même avec ces jolies petites Mauresques, qui?...
FRANCIS.
Ah!.. mon cher monsieur Polydore! ne me parlez pas des femmes à qui la loi met un voile sur le visage... Il leur en reste toujours un morceau sur l'esprit et surtout sur le cœur. — Voyez-vous, pour moi, la femme belle, spirituelle, gracieuse, aimante, etc., etc., n'existe qu'en France... partout ailleurs, c'est de la contrefaçon...
ANDRÉ.
Diable! mais quand les femmes connaîtront ta profession de foi, elles vont toutes t'adorer!
FRANCIS, riant.
Puisque je vous dis que je suis un modèle de fidélité!
POLYDORE.
Et vous espérez la réciproque, comme on dit? Il n'y a qu'un chasseur d'Afrique, pour avoir cette douce confiance... Monsieur Francis, à votre place, je mettrais un crêpe à mon amour, et je chercherais une autre maîtresse.
FRANCIS.
Je ne vous ai pas dit que cette femme fût ma maîtresse.
POLYDORE, riant.
Et discret!.. Toutes les vertus!.. (Regardant son verre.) Tiens! André, il ne boit même pas.
ANDRÉ.
En effet.
FRANCIS.
Excuse-moi, cher ami; mais cette liqueur-là m'a joué de mauvais tours quand j'étais en garnison et que, pour me désennuyer, je cultivais la muse verte, comme nous l'appelions... Depuis deux ans, je n'en bois plus... c'est à peine si je bois du vin.
ANDRÉ.
Ah! cependant aujourd'hui...
FRANCIS, riant.
Aujourd'hui, c'est différent... Je sais me griser comme un autre dans les grandes occasions. (Il lui serre la main.)

## SCÈNE IX.

LES MÊMES, PIERRE, puis GENEVIÈVE, et ensuite MARIE.

PIERRE, portant une énorme volaille.
Voilà le rôti.
GENEVIÈVE, entrant à son tour, et portant la soupière qu'elle pose sur la table.
Comment! le rôti avant la... (Apercevant Francis.) Oh! pardon, Monsieur!.. (Francis la salue.)
FRANCIS, à André.
Est-ce ta femme, André?
ANDRÉ.
Non, c'est ma sœur Geneviève!
FRANCIS.
Charmante personne!
GENEVIÈVE.
Vous êtes bien bon, Monsieur.
PIERRE, à part.
Qu'est-ce qu'il vient faire ici ce militaire?.. Je ne peux déjà pas le souffrir... qu'est-ce que ça sera donc tout à l'heure? D'abord, dans cette partie-là, on est trop entreprenant.
ANDRÉ, à Geneviève.
Et Marie, pourquoi ne vient-elle pas?
MARIE, entrant, et allant d'abord déposer quelque chose sur la table.
Me voici, mon ami...
FRANCIS, qui ne la voit pas encore.
Cette voix!
MARIE.
Je demande mille pardons à ces Messieurs... (Elle se retourne et se trouve en face de Francis.)
FRANCIS, à part, stupéfait.
Elle!
MARIE, de même.
Francis!
FRANCIS, à part.
Elle! la femme d'André!
ANDRÉ, qui a remarqué le mouvement de chacun.
Quoi donc?..
FRANCIS, se remettant.
Mes compliments, mon cher André!..
ANDRÉ.
Marie! (Lui prenant la main.) Viens!

MARIE, à part.
Oh! je me soutiens à peine.

ANDRÉ.
Je te présente M. Francis Thévenot, un ami de dix ans...

MARIE, saluant.
Monsieur!..

ANDRÉ.
Qu'as-tu?

MARIE, s'efforçant de sourire.
Moi? mais je suis enchantée de faire connaissance avec l'un de tes meilleurs amis.

FRANCIS, saluant.
André est bien heureux, Madame.

GENEVIÈVE, servant la soupe.
Messieurs, la soupe va être froide.

ANDRÉ.
A table alors !..

MARIE, à part.
J'étais si heureuse!.. Pourquoi Francis est-il revenu?

FRANCIS, à part.
Elle a tout oublié!... Et moi qui, tout à l'heure...

ANDRÉ.
Francis!...

FRANCIS.
Me voici, mon ami !...

ANDRÉ, lui indiquant une place.
Mets-toi là.... à côté de ma femme. (On se place.)

PIERRE, prenant une chaise basse.
Tiens... c'est moi qu'a la petite chaise. (Le dîner commence.)

POLYDORE.
Oh! oh! voilà un potage qui prouve que la ménagère n'a rien ménagé... (A part.) surtout le sel.

ANDRÉ.
Il paraît qu'il n'est pas de ton goût, Francis?.. tu ne manges pas?..

FRANCIS.
Mais... pardonne-moi.

GENEVIÈVE.
Marie ne mange pas non plus.

ANDRÉ, à part.
Ah!...

MARIE, revenant à elle.
Mais... si fait.

ANDRÉ, à part.
Qu'a-t-elle donc?

PIERRE, faisant la grimace, à part.
On dirait que l'on avale de l'eau d'huître.

GENEVIÈVE, avec chagrin.
— Est-ce que ma soupe n'est pas bonne?

PIERRE.
Mademoiselle, elle est exquise! exquise... je vous en redemanderai même encore.

GENEVIÈVE, le servant.
Oh! vous, vous êtes un glouton!

PIERRE, indigné, à part.
Dévorez-vous donc... salez-vous donc comme un hareng... oilà la récompense !..

MARIE, à part.
André ne me quitte pas des yeux. — Mon Dieu! s'il allait soupçonner.. (Un silence.)

ANDRÉ, avec intention.
Ah çà! mais, voici un repas qui commence bien tristement, ce me semble... qu'avons-nous donc tous?

POLYDORE.
Ce que nous avons? mais... nous avons faim, je pense.

PIERRE, versant à boire.
Et soif!...

ANDRÉ, avec intention.
Oh! pas tous!... (A part.) Quel soupçon !...

POLYDORE.
Ah bien, moi, j'ai faim pour trois; charge-toi des deux autres. (Il tape sur la tête de Pierre.)

PIERRE, avec noblesse.
Je désire faire mes affaires moi-même. (Un nouveau silence.)

ANDRÉ, même jeu que précédemment.
Tu as beau dire, Polydore, ça ne marche pas... on dirait le souper des funérailles.

POLYDORE, riant.
Le souper des funérailles?.. où as-tu pris cela?

ANDRÉ.
Dans un livre à la mode; c'était... des amours qu'on enterrait au dessert.

POLYDORE, riant.
Eh bien, mais... il n'y a pas ici, que je sache, d'amours à l'agonie: ils sont vivants, et bien vivants, à commencer par celui du lieutenant....

FRANCIS.
Oh! qui sait?... on meurt si vite.

ANDRÉ.
Ah! tu ne parlais pas ainsi tout à l'heure... d'où vient ce changement?

FRANCIS.
Depuis, j'ai réfléchi.

ANDRÉ, vivement.
Ah! comme cela? si vite?

FRANCIS.
Oui : M. Polydore a si bien plaidé contre la fidélité des femmes, que je crois, Dieu me pardonne! qu'il leur a fait perdre leur cause.

POLYDORE.
Ah! entendons-nous... et s'il en est ainsi, je réclame moi-même l'indulgence de la cour. Il y a des exceptions.

FRANCIS, avec ironie.
Des exceptions... où cela?

POLYDORE.
Mais ici, d'abord.

FRANCIS, tendant son verre.
Buvons donc.

ANDRÉ.
Je croyais que tu ne buvais jamais.

FRANCIS.
Pardon, mon ami; je t'ai dit que je me grisais dans les grandes occasions; et jamais occasion meilleure ne se présentera pour moi...

ANDRÉ, à part.
Oh! ce soupçon, comment l'éclaircir? (Haut et vivement.) C'est cela !... grisons-nous !..,

MARIE, qui le suit des yeux avec anxiété.
André!...

ANDRÉ, avec un rire forcé.
Bah! une fois n'est pas coutume!... On n'a pas tous les jours le plaisir d'avoir des amis à sa table... Bois donc, mon cher Francis, à nos souvenirs, veux-tu? (Ils boivent.)

MARIE, à part.
Je suis au supplice!..

FRANCIS, à André qui lui verse à boire.
Eh!... doucement, ce diable de vin-là vous tape sur la tête.

ANDRÉ.
Allons donc, du vin de ménage sans aucune malice.

POLYDORE.
Il ne faut pas s'y fier.

ANDRÉ.
Bah!... Petite sœur, deux autres bouteilles. (Geneviève disparaît un instant.)

ANDRÉ, faisant l'homme un peu animé.
Te rappelles-tu, mon vieux, nos caravanes amoureuses, alors que nous avions vingt ans?

FRANCIS.
Ah! prends garde, André, le vin est bavard!

ANDRÉ, à part.
C'est bien là-dessus que je compte. (Haut, et suivant l'effet de ses paroles sur Marie.) Je me souviens qu'à une certaine époque, nos deux cœurs se sont rencontrés chez une... Je ne sais pas si je l'ai rêvé... mais il me semble que nous avons été sur le point de nous battre. (Marie, saisie d'effroi, se lève involontairement. — La regardant toujours.) Qu'as-tu donc?... C'est le passé que je raconte... Aujourd'hui, comme tu vois, Francis et moi, nous sommes les meilleurs amis du monde... Eh bien! voilà que tu pâlis...

MARIE.
C'est vrai... je ne me sens pas bien; la chaleur sans doute... un peu d'air me remettra. (Elle va à la fenêtre.)

PIERRE, se levant, et portant une chaise près de la fenêtre.
Je vais ouvrir la fenêtre. (Geneviève entre en ce moment, pose deux bouteilles sur la table, deux autres au fond, puis prépare un verre d'eau sucrée, tout en causant avec Pierre.)

ANDRÉ, aux deux hommes qui veulent quitter la table.
Restez donc... ce ne sera rien... Nous la gênerions.. (Appuyant, à Francis.) Nous avons tant de choses à nous dire !... (Il verse à boire.)

MARIE, à part.
Ah! je comprends... il veut le faire parler...

ANDRÉ.
Francis, à la fidélité de la belle!

FRANCIS.
Sa fidélité?...

ANDRÉ.
Ou à son inconstance...

POLYDORE.
Il faut tout prévoir.
ANDRÉ.
Dans ce dernier cas, tu rempliras une fois de plus ton verre... Au fond, tu trouveras l'oubli.
FRANCIS.
L'oubli?.. Verse André !...
ANDRÉ, à part.
Il y vient...
GENEVIÈVE, à Pierre qui lui parle.
Vous m'ennuyez. (Elle porte le verre d'eau à Marie, puis sort par la cuisine.)
PIERRE, prenant deux bouteilles.
Eh bien... moi aussi je vais oublier mes douleurs. (Il les met sous son bras et sort au fond.)
ANDRÉ, à Francis qui tient encore son verre plein.
Eh bien... tu ne bois pas?..
FRANCIS, balbutiant.
C'est qu'il me semble que déjà ma tête... Ton petit vin... quoi que tu en dises...
ANDRÉ, faisant le gai.
Allons donc... moi j'en boirais jusqu'à demain matin... Voyons, Francis... encore un verre...
FRANCIS.
Le dernier...
ANDRÉ.
C'est toujours le dernier... (Insinuant.) C'est si agréable de voir tout en rose à travers ce miroir liquide. Avez-vous des chagrins, ils vont s'y noyer d'eux-mêmes comme les mouches dans le miel... et si par hasard un secret vous étouffe, on le verse sans crainte dans le cœur d'un ami... (Changeant de ton.) Oh ! mais toi, tu es un cachottier !
FRANCIS, tout à fait gris.
Moi, un cachottier !. Qu'est-ce qui a dit cela? C'est toi, Floridor?.
POLYDORE.
Moi, je n'ai ouvert la bouche que pour manger... (Il se lève.) J'en suis honteux... (Allant vers Marie.) Comment allez-vous?..
MARIE, fébrile.
Mieux... mieux... (A part.) Je n'entends plus ce qu'ils disent.
(Geneviève rentre apportant sur un plateau des tasses à café ; Polydore va causer avec elle.)
ANDRÉ, à Francis à mi-voix.
Voyons... si tu n'es pas un cachottier... dis-moi au moins la première lettre de son nom...
FRANCIS.
Son nom?.. le nom de qui?..
ANDRÉ.
Le nom de cette femme que tu as aimée autrefois et que tu venais retrouver à Paris...
FRANCIS.
Moi, je suis venu à Paris pour boire... Décidément, on s'y fait à ton petit vin de ménage.
POLYDORE, qui est revenu près d'eux.
On s'y fait trop... halte-là !.. C'est assez... je vais aider Geneviève à enlever la table... (Riant.) mesure de prudence.
ANDRÉ.
Non, non... Petite sœur, donne-nous le café, les liqueurs !..
(Polydore fait signe à Geneviève de ne rien apporter.)
FRANCIS, prenant le bras d'André.
Je me méfie de ton Floridor...
ANDRÉ, insistant.
Et de moi aussi... car tu ne m'as rien dit encore... Je ne te demande qu'un nom pourtant...
FRANCIS.
Ce nom... je veux l'oublier... Eh bien, non... je ne veux pas l'oublier... Cette femme !.. je l'aime... et je la disputerai au monde entier... mon... mon Olympe...
ANDRÉ.
Olympe? elle se nomme Olympe ?..
FRANCIS, toujours balbutiant.
C'est la première lettre de son nom !..
ANDRÉ ET MARIE, se levant tous deux.
Ah !
MARIE, à part.
Il avait tout deviné.
FRANCIS, se levant.
Une idée !.. Si nous allions tous au bal Musard !
ANDRÉ.
Au bal Musard ?..
FRANCIS.
Oui... un bal masqué, au mois d'avril !.. C'est moi qui ne veux pas manquer cette occasion-là !.. (Bas, à André.) D'abord, mon Olympe doit s'y trouver pour moi... pour moi seul.
POLYDORE, à André.
Eh bien... mais il a le vin très-bavard, ton discret ami !..

ANDRÉ.
Tu crois, n'est-ce pas, qu'il est gris... complétement gris?..
POLYDORE.
Je crois même qu'un peu d'air ne lui ferait pas de mal...
FRANCIS.
Allons au bal Musard !.. Oh ! pas ces dames !.. leur place n'est pas là... et puis madame Stévens est souffrante... (Il va près d'elle.) Ce soir vous aurez vos lettres, et demain je pars !..
(Mouvement de Marie.)
ANDRÉ.
Hein ?
FRANCIS.
Je demande à ta femme qu'elle permette que tu sois des nôtres.
MARIE.
Mon mari est libre... Tu iras, n'est-ce pas, André ?.. je suis tout à fait remise...
ANDRÉ, à part.
Pauvre Marie !..
POLYDORE.
Est-ce convenu ?.. Moi, j'en suis... Il faut bien se déranger de temps en temps... pour se rearanger avec plus de plaisir...
ANDRÉ.
Moi... je suis obligé de passer la nuit à l'atelier...
FRANCIS.
Le travail... c'est beau... Du moins, descendons ensemble.
ANDRÉ.
Oh ! ça... je le veux bien...
FRANCIS.
Madame... j'ai fait peut-être un peu trop honneur à ce dîner d'amis... Vous ne m'en voulez pas?..
MARIE.
Oh ! non...
POLYDORE.
Et à moi ?
MARIE, lui tendant la main.
Pas davantage. (Ils sortent. André va pour les suivre. — A part.)
André s'éloigne sans rien me dire.
ANDRÉ, au fond.
Pauvre Marie !.. deux fois en un jour !.. Oh ! si elle savait ce que j'ai souffert... elle serait bien vengée !.. (Revenant à elle.) A demain, Marie !..
MARIE.
A demain !..
ANDRÉ fait quelques pas, puis revient et l'embrasse avec effusion.
Pauvre femme, va !.. jamais je ne t'ai tant aimée... entends-tu ?.. (Sur le pas de la porte, et lui envoyant des baisers.) Tant aimée !..
MARIE, seule, et tombant assise.
Mon Dieu !.. laissez-moi mon bonheur ! (Rideau.)

## ACTE TROISIÈME.

Un bal masqué chez Musard, à l'hôtel d'Osmard : plusieurs salons brillamment éclairés. — Au lever du rideau, le bal est dans toute son animation ; c'est la fin d'un quadrille.

### SCÈNE PREMIÈRE.

NATHALIE, POLYDORE, MARIETTA, OSCAR, ESPÉRANCE, MASQUES DOMINOS, etc.

OSCAR, criant.
En avant le galop infernal ! (Grand galop. — Les danseurs s'éloignent.)

### SCÈNE II.

BANCO, entrant lorsque le dernier danseur a disparu.

André est déjà ici, c'est bien, mais Francis?... Oh ! il viendra... et elle viendra aussi, elle !.. Une minute encore, et je les tiendrai tous dans ma main !.. Oh ! cet André Stévens !... Est-ce mon amour qui se souvient ? ou ma haine qui ne peut oublier ?... Je l'ignore, mais ce que je sais, c'est que leur bonheur a tué mon repos, et que je veux tuer leur bonheur ! — Oh ! oui, oui, Marie viendra ; car j'ai jeté l'épouvante dans son âme en lui disant que Francis était capable de tout pour se venger de son abandon, et qu'il ne rendrait ces lettres qu'à ses prières et à ses larmes. (Avec ironie.) Ces lettres !.. Ah ! je me soucie bien de ces lettres qui seraient la justification de Marie ; ce que je veux, c'est que Francis me venge d'elle et d'André... (Apercevant Francis qui entre. — A part.) Monsieur Thévenot... allons !..

UNE PÉCHERESSE.

## SCÈNE III.
### BANCO, FRANCIS.

BANCO.
Je vous avais promis de venir, Monsieur, et, vous le voyez, je suis venue.

FRANCIS.
Et je vous en remercie, Madame.

BANCO.
Maintenant, expliquons-nous, Monsieur; car, lorsque je vous ai rencontré, il y a peut-être deux heures, alors que vous sortiez de chez M. Stévens, vous étiez si troublé que c'est à peine si j'ai compris vos paroles...

FRANCIS.
En effet, j'étais comme fou... Mais, un mot d'abord, Madame?... En me quittant, n'êtes-vous pas allée chez Marie?

BANCO, à part.
Il m'a vue!.. N'importe! (Haut.) Eh bien.... oui, Monsieur, je suis allée chez Marie.

FRANCIS.
Pourquoi?

BANCO.
Pourquoi?... Ah! tenez, je vais vous le dire!... Mais vous me jurez que tout ceci restera entre nous?

FRANCIS.
Je vous le jure...

BANCO.
Ah! j'avais cependant résolu de me taire... mais, après tout, que m'importe M. Stévens?.. Je ne le connais pas... je ne l'aime pas... et... j'aime Marie... vous le savez bien, puisque vous m'avez choisie pour lui rendre ses lettres; oui, je suis allée chez Marie, parce que, nous autres femmes, nous savons nous deviner, nous comprendre. Ainsi, vous m'aviez dit : « Marie tremble et je dois la rassurer à tout prix. »

FRANCIS.
Sans doute, et c'est pour cela que je vous ai priée de venir chercher ces lettres ici.

BANCO.
Oui... mais ce que vous n'aviez pas su deviner au milieu du trouble de Marie, je l'avais deviné, moi.

FRANCIS.
Que voulez-vous dire?

BANCO.
Je veux dire.... je veux dire que Marie vous aime toujours.

FRANCIS, avec joie.
Marie!..

BANCO.
Oui, toujours... Oh! je l'avais bien deviné, vous dis-je... Du reste, cela m'était facile en me souvenant de ses confidences.

FRANCIS.
Confidences du passé?...

BANCO, souriant.
Passé bien proche.

FRANCIS.
Mais cependant...

BANCO, vivement.
Oui, je sais ce que vous allez me dire : Marie a trahi ses serments!.. Marie s'est donnée à un autre! —Mais oubliez-vous que, pendant longtemps, on vous a cru mort?

FRANCIS.
C'est vrai.

BANCO.
Quand la terrible nouvelle a été démentie, il était trop tard.... Marie était la femme d'André ; mais croyez-vous donc qu'un... premier amour, que la mort avait pu effacer, ne se réveille pas plus ardent encore du jour où l'on apprend que l'objet aimé est vivant ?... Oh! si, allez. — Et savez-vous ce qui arrive alors?.. c'est qu'en dépit des devoirs d'épouse et de mère, on se prend à détester les chaînes qu'on a reçues d'un autre, et qu'on n'a plus désormais qu'un désir, qu'un rêve... celui de rompre ces chaînes détestées...

FRANCIS.
Mon Dieu!.. Elle a pu vous dire...

Je vous répète que Marie vous aime.

FRANCIS, avec passion.
Marie!.. (Changeant de ton tout à coup.) Elle m'aime!.. elle m'aime!.. et moi je ne dois plus l'aimer!..

BANCO.
Pourquoi donc?

FRANCIS.
Pourquoi?.. André est mon ami, Madame, mon ami d'enfance, et... y allât-il de ma vie, je ne trahirais pas André.

BANCO, éclatant.
Et vous dites aimer?.. Ah! tenez, vous me faites rire!

FRANCIS.
Madame!..

BANCO, à part.
J'allais me trahir... (Haut.) Ah! tenez, je suis folle, et vous faites bien d'avoir de la raison pour nous deux, pour nous trois... Oui, oui, j'étais folle, mais que voulez-vous?.. Je l'ai si souvent vue pleurer...

FRANCIS.
Pauvre Marie!

BANCO.
Allons, ne parlons plus de tout cela... vous vous éloignerez... il vaut mieux qu'il en soit ainsi... Donnez, donnez ces lettres...

FRANCIS, les lui donnant.
Les voici!..

BANCO, à part.
Enfin!.. (Haut.) Monsieur Thévenot, vous êtes bien l'homme le plus délicat que je connaisse!

FRANCIS.
Dites à Marie que je souffre, mais que je lui pardonne; dites-lui bien que je l'aime, mais que son honneur m'est plus cher encore que mon amour.

BANCO.
Je le lui dirai, Monsieur.

FRANCIS.
Et maintenant, adieu, Madame, et pour toujours peut-être!

BANCO, d'un ton singulier.
Peut-être! (Elle s'incline. — A part.) Ces lettres prouveraient l'innocence de Marie... Eh bien, ces lettres, André ne les lira pas... Une vengeance m'échappe, j'en trouverai une autre...
(Francis s'est éloigné lentement par le fond, et Banco se perd dans la foule au moment de l'entrée des nouveaux personnages.)

## SCÈNE IV.
### POLYDORE, ESPÉRANCE, puis NATHALIE, ensuite OSCAR.

ESPÉRANCE.
Polydore, grâce! pitié pour une faible femme!.. Je n'en puis plus... Ouf!.. (Il la fait asseoir.) Ah! respirons un peu.

POLYDORE.
C'est ça, respirons. (Il l'embrasse.)

ESPÉRANCE.
Dites donc, vous, vous appelez ça respirer? Ah çà! mais, j'y pense, je croyais que vous étiez devenu vertueux?

POLYDORE.
Oh! il y a encore des intermittences.

ESPÉRANCE.
C'est-à-dire...

POLYDORE.
C'est-à-dire que quand j'ai été bien sage pendant quelques jours, j'éprouve le besoin d'être fou pendant quelques heures. (Lui prenant la taille.) Et c'est mon jour de folie.

ESPÉRANCE, se défendant.
Eh bien! eh bien!..

NATHALIE, entrant en comptant des billets de bal.
Sept, huit et neuf!... Il m'en reste neuf!

POLYDORE.
Neuf quoi?

NATHALIE.
Neuf billets donc, que j'ai oublié de placer.

POLYDORE.
Pour la fête de cette nuit?

NATHALIE.
Mais oui.

POLYDORE.
Eh bien! mais ils ne sont plus bons à rien!

NATHALIE, haussant les épaules.
Vous croyez ça, vous?.. Eh bien, vous allez voir... (Elle regarde à droite et à gauche.)

OSCAR, arrivant en courant.
Vous n'avez pas vu une pierrette par ici?

NATHALIE, à part.
Ah! voilà un chaland! (Haut.) Mon petit Oscar, prenez-moi un billet...

OSCAR.
Laissez-moi, je suis pressé...

NATHALIE.
Bon... Alors je ne vous lâche pas... (Lui tendant un billet.) C'est dix francs!

OSCAR.
Mais qu'est-ce que vous voulez que j'en fasse de votre billet?
NATHALIE.
Vous le ferez encadrer.
OSCAR.
Allons, voilà un louis, rendez-moi...
NATHALIE.
Je n'ai pas de monnaie, mais en voilà deux...
OSCAR.
Ah mais! non... (Apercevant la pierrette qui passe.) Ah! ma pierrette!.. (Il se sauve.)
NATHALIE.
Il m'en reste encore sept... (A Polydore.) Je n'ose vous en offrir un.
POLYDORE, riant.
Et vous avez joliment raison...
NATHALIE.
Sans façon?
POLYDORE.
Voulez-vous vous sauver!
NATHALIE.
C'est bien. Mon Dieu!.. ça fera plaisir à un autre. (Elle continue ses recherches.)
POLYDORE, riant.
Cette chère Nathalie!.. J'espère qu'elle a la bosse du commerce!
ESPÉRANCE.
Ah! je vous assure qu'elle est adroite, allez!
POLYDORE.
Ah! moins que vous cependant.
ESPÉRANCE.
Comment ça?
POLYDORE.
Mais dame!.. est-ce qu'il n'a pas fini par vous épouser, le pauvre homme!..
ESPÉRANCE.
Le pauvre homme!.. Vous plaignez M. Badichon?
POLYDORE.
Non, je l'admire; j'ai toujours admiré l'audace et le courage.
ESPÉRANCE.
Parce qu'il m'a donné son nom? Voilà-t-il pas! votre ami André Stévens a bien épousé Marie.
POLYDORE.
Oh! distinguons: madame André, dans son ménage, est une exception.
ESPÉRANCE.
Eh bien! qu'est-ce que je suis donc moi?
POLYDORE.
Une généralité.
ESPÉRANCE.
Ce doit être une impertinence, ceci.
POLYDORE.
Non, c'est un substantif.
NATHALIE, revenant, à Espérance.
J'en ai encore placé un; à prime, il est vrai, un baiser, mais bah! à cette heure-ci. (Elle remonte.)
POLYDORE.
Avec tout ça, vous êtes au bal sans votre mari, monstre!
ESPÉRANCE.
Tiens! j'ai peur toute seule chez moi.
POLYDORE.
Eh bien! et M. Badichon?
ESPÉRANCE.
Il est de garde.
POLYDORE.
Mais il a passé l'âge.
ESPÉRANCE.
Ah! je sais bien; mais je lui ai fait reprendre du service... avec des protections.
POLYDORE.
Très-joli. Et s'il vous avait suivie, s'il venait ici armé de toutes pièces.
ESPÉRANCE.
Eh bien?
POLYDORE.
Comment, eh bien?
ESPÉRANCE, riant.
S'il venait ici, je le ferais arrêter et reconduire au poste.
POLYDORE, riant.
Ah! ah! ah! je voudrais voir cela, par exemple.
ESPÉRANCE.
En attendant, je meurs de soif; payez-moi u *sucre de pomme*. (Elle l'entraîne vers un buffet qui est à droite.)
POLYDORE.
C'est ça qui désaltère!... (Ils disparaissent.)

## SCÈNE V.

BADICHON, en uniforme de garde national, NATHALIE, puis POLYDORE, et ESPÉRANCE.

BADICHON, cherchant.
Je ne le vois pas!...
NATHALIE.
J'ai aperçu le Badichon. (Le prenant par le pan de sa tunique.) Prenez-moi un billet.
BADICHON.
Mais je viens d'en prendre un pour entrer.
NATHALIE.
Eh bien, celui-là vous servira pour sortir.
BADICHON.
Comment? comment?
NATHALIE.
Oh! il en faut un.
BADICHON.
C'est bien étonnant; enfin! (Il paye.)
NATHALIE.
Et de quatre! (Elle continue sa chasse et disparaît.)
BADICHON, cherchant.
Ce diable de Thomas m'a dit qu'il venait ici pour surprendre sa femme, j'ai voulu le suivre, mais je l'ai perdu. Je crains un malheur... Il faut convenir aussi que sa femme est bien légère. (Il remonte. On entend une polka dans le fond.)
POLYDORE, sortant du buffet.
J'en ai pour onze francs cinquante centimes de son sucre de pomme... Enfin!
ESPÉRANCE, sortant à son tour.
Tiens, une polka; je vous invite.
POLYDORE.
Volontiers; je me suis accordé deux polkas, trois valses, et le fameux quadrille du *Coup de pistolet*.
ESPÉRANCE.
Eh bien! nous allons dépenser tout ça, en avant! (Ils polkent en remontant.)
BADICHON, derrière la glace du fond.
Je ne le vois pas. (Il aperçoit Polydore avec sa femme.) Ciel!
ESPÉRANCE, riant et tombant assise au fond.
Mon sire de Framboisy!
POLYDORE, l'imitant.
Oui, c'est lui-même.
BADICHON, venant en scène.
Que faites-vous ici, Madame?
ESPÉRANCE.
Eh bien, et vous?
BADICHON.
Moi, je cherche Thomas, mon féroce ami Thomas Brouze, qui cherche sa femme.
ESPÉRANCE.
Eh bien moi, Monsieur, je cherche la malheureuse Marietta, pour la prévenir que son mari la cherche, là!
BADICHON.
Et c'est en polkant que...
ESPÉRANCE.
Mais, homme arriéré, vous ne comprenez donc pas que ce n'est que comme ça qu'on peut circuler au milieu de la foule?
BADICHON, ahuri.
Ah! c'est?...
ESPÉRANCE.
Si je voulais faire du mal, est-ce que je choisirais un de vos locataires?
POLYDORE.
Qui vous doit trois termes?
BADICHON.
Il est vrai que...
ESPÉRANCE.
Quand c'est pour sauver une amie?..
POLYDORE.
Quand il n'y avait peut-être pas une minute à perdre...
ESPÉRANCE.
Vous nous arrêtez?.. Tenez, vous serez peut-être cause d'un malheur.
BADICHON.
Espérance!..
ESPÉRANCE.
Je vous ordonne de rejoindre votre régiment. (Ils se remettent à polker et disparaissent par le fond.)
BADICHON, les suivant.
Espérance!.. C'est vrai tout de même qu'on va bien plus vite comme ça... Mais alors, moi, pour trouver Thomas Brouze. (A Nathalie qui passe.) Madame... permettez... permettez!...

NATHALIE.
Mais vous me prendrez encore un billet.

BADICHON.
Tous les billets possibles! (Il l'entraîne en polkant grotesquement.)

## SCÈNE VI.
ANDRÉ seul, puis POLYDORE.

ANDRÉ.
C'est pourtant une lettre que j'ai reçue à mon atelier qui m'a fait venir à ce bal... une lettre anonyme!... la chose la plus lâche, la plus odieuse!... Qu'ai-je fait de cette lettre?... N'importe!... les mots sont gravés là... « Si vous voulez savoir ce que vaut l'honneur d'un mari et la vertu d'une femme, allez cette nuit au bal masqué, chez Musard, à l'hôtel d'Osmond. » La coïncidence de cette lettre avec les événements d'aujourd'hui a bouleversé ma raison; je n'ai pu résister à la voix qui me criait : « Pars! » et j'ai laissé mon travail, mon devoir, et je suis venu, et je reste, et j'attends... Je sais qu'il est défendu de croire à une accusation anonyme, et cependant je tremble...

POLYDORE, entrant en riant.
Ah! les enragés!... Décidément il faut que je les quitte... (Apercevant André.) Eh! là!... En croirai-je mes yeux?... André ici!... Mais tu ne m'avais pas dit?...

ANDRÉ.
L'idée ne m'en est venue qu'après vous avoir quittés... J'étais inquiet de Francis... Est-ce qu'il n'est pas venu avec toi?

POLYDORE.
Si fait... Tu sais bien qu'il avait un rendez-vous avec... comment donc?... mademoiselle Olympe, je crois?

ANDRÉ, vivement.
Elle l'attendait?

POLYDORE.
Ah! je ne sais pas... nous nous sommes perdus... il y a tant de monde.

ANDRÉ.
Tu n'as pas eu la curiosité?...

POLYDORE.
Ma foi! non. (A part.) Le voilà encore comme pendant le dîner.

ANDRÉ.
Dis-moi, crois-tu réellement qu'il y ait une Olympe sous jeu?

POLYDORE.
Pourquoi aurait-il menti?

ANDRÉ.
Eh! le sais-je?... peut-être pour donner le change et détourner des soupçons qui auraient pu se porter sur une autre personne.

POLYDORE.
Sur une autre?... Que veux-tu dire?

ANDRÉ, se contenant.
Rien... rien...

POLYDORE, à part.
Serait-il jaloux de Francis? de son ami?... (En ce moment, une femme entièrement cachée par un domino noir entre précipitamment et s'arrête tout à coup chancelante en apercevant André, puis elle fait un violent effort et se jette dans la foule.)

ANDRÉ.
Vois donc... cette femme... il me semble qu'elle a tressailli en m'apercevant.

POLYDORE.
Je n'ai rien remarqué.

ANDRÉ.
Si... si... j'en suis sûr... C'est étrange... j'ai senti là comme une violente douleur... Oh! cette femme, il faut que je la rejoigne. (Il sort sur les pas du domino.)

POLYDORE.
Eh bien!... eh bien!... attends-moi donc... André!... Ah! bah!... il a déjà fait une trouée dans cette foule, je ne le vois plus... André!... André!... (Il veut courir après lui, Thomas Bronze, en costume de voyage, l'arrête un instant, car il veut pénétrer en scène. Enfin, ils se quittent. Polydore disparaît au fond, Thomas entre, regarde partout d'un air furibond, et, ne voyant personne, sort à gauche.)

## SCÈNE VII.
MARIETTA, ESPÉRANCE, NATHALIE.

ESPÉRANCE, à Marietta.
Mais, encore une fois, je te dis que ton mari te cherche!

NATHALIE.
Ça, c'est vrai qu'il est dans le bal, à preuve que je lui ai vendu six entrées sur quatre qui me restaient.

ESPÉRANCE, à Marietta.
Tu vois bien...

MARIETTA.
Eh bien, il y est... quoi?...

ESPÉRANCE.
Mais, malheureuse! songe donc que c'est un sauvage que tu as épousé!

NATHALIE.
Et qu'il est capable de tout.

MARIETTA.
A qui le dites-vous?.. C'est-à-dire qu'un jour, à Vincennes, sous prétexte que je regardais un artilleur et qu'il avait oublié sa fusillade, il a voulu me jeter du haut en bas des fortifications.

NATHALIE.
Ah! il t'aime trop décidément.

MARIETTA.
Oui... Aussi il faut que ça finisse.

ESPÉRANCE.
Ça me paraît prudent.

MARIETTA.
Et dame! c'est que le temps presse... Je n'ai plus que cette nuit pour me tirer de ses bras amoureux.

ESPÉRANCE.
Tu n'as plus que cette nuit, dis-tu?

MARIETTA.
Mais certainement... Ah! c'est que vous ne savez pas?... Monsieur s'ennuie sur l'asphalte, et il veut retourner en Australie. (A Espérance.) La trouves-tu forte?

ESPÉRANCE.
Et il veut t'emmener?

NATHALIE.
T'enlever au monde?

MARIETTA.
Tout bêtement...

ESPÉRANCE.
Et quand veut-il partir?

MARIETTA.
Ce matin à cinq heures.

NATHALIE.
Et il en est quatre...

ESPÉRANCE.
Mais encore faut-il le temps de...

MARIETTA.
Tout est prévu... Les colis sont au chemin de fer depuis hier; nos malles sont sur une voiture dans la cour, il endosse à cette heure son costume de voyage, un costume d'ours, et il fourre toute sa fortune dans ses poches... voilà...

NATHALIE.
Eh bien! que vas-tu faire?

MARIETTA.
J'ai mon idée.

ESPÉRANCE.
Pour qu'il reste?

MARIETTA.
Non, pour qu'il parte.

ESPÉRANCE.
Sans toi?

MARIETTA.
Naturellement.

NATHALIE.
Et ce moyen?

MARIETTA.
Oh! il est bien simple, va...

ESPÉRANCE.
Voyons?

MARIETTA.
D'abord, il va venir ici; grâce à moi, il sait que j'y suis... Eh bien, comme nous devons partir dans une heure, je veux qu'il me tue dans cinq minutes.

NATHALIE.
Hein?

ESPÉRANCE, riant.
Eh bien, en voilà une idée qui ne serait pas venue à une mère.

NATHALIE.
Ah çà, es-tu folle?

MARIETTA.
Mais non! Que tu es bête! Je veux qu'il me tue pour rire.

NATHALIE.
Comprends pas...

MARIETTA.
Vous savez bien qu'il a toujours son revolver sur lui, puisqu'il couche avec.

NATHALIE.
Eh bien?

MARIETTA.
Eh bien, naturellement, il l'aura tout à l'heure.
ESPÉRANCE.
Comme c'est rassurant!
MARIETTA.
Certainement, puisque l'on a ôté les balles...
ESPÉRANCE.
Qui ça? l'artilleur de Vincennes?..
MARIETTA.
On n'a jamais pu savoir.
NATHALIE, au fond.
Le voilà!..
MARIETTA.
Bravo!.. Laissez-moi faire.
NATHALIE.
Je t'aiderai... j'ai mon idée!

### SCÈNE VIII.

LES MÊMES, THOMAS BROUZE, puis POLYDORE et QUELQUES PERSONNES, et ensuite BADICHON.

(Thomas a un costume de voyage grotesque, grandes bottes, fourrures, etc.)

THOMAS, poussant un cri féroce.
Je ne m'étais pas trompé!
MARIETTA, riant.
Ah! mon Dieu! que vous êtes vilain!..
THOMAS.
Il ne s'agit pas de ça!.. Ainsi!.. (Croisant les bras.) il est donc vrai : « Tout ce carnaval dernier, sans doute, pendant que je dormais du sommeil du juste... »
MARIETTA.
D'abord, le juste ne doit pas ronfler quand sa compagne ne ronfle pas... ça n'est pas juste!
THOMAS.
Ma femme en débardeur!
MARIETTA.
C'est comme ça, et tant que vous ronflerez, je me mettrai en débardeur...
THOMAS, avec colère et tirant son revolver.
Madame!..
MARIETTA, bas, à Nathalie.
Il y viendra.
NATHALIE, bas.
Il y vient!..
THOMAS, remettant le pistolet dans sa poche.
Mais non... comme nous partons... comme c'est la dernière fois de votre vie que vous vous amusez...
MARIETTA.
Va-t'en voir s'ils viennent.
THOMAS.
Madame Thomas!
MARIETTA.
D'abord, je vous défends de m'appeler madame Thomas... ça m'humilie!..
THOMAS.
Prenez garde! (même jeu.) Mais non... La voiture est en bas, partons!.. (Musique de quadrille, au fond.)
MARIETTA.
Pour si loin que ça?.. avec un vilain laid comme vous? jamais!
THOMAS.
Jamais!
MARIETTA.
Mais jamais de la vie!
THOMAS.
Une dernière fois, prenez garde!..
MARIETTA.
D'abord, faut-il vous l'avouer?.. Je ne vous aime pas... je ne vous ai jamais aimé... (Avec passion.) J'en aime deux autres!..
THOMAS, hors de lui.
Mille kanguroos!.. (Dans sa rage, Thomas gesticule avec le pistolet.)
ESPÉRANCE, à part.
Voilà le moment!.. (Lui saisissant la main.) Monsieur, arrêtez... (A part.) Je ne trouve pas le chien... Ah! (Le coup part.) Ça y est!..
MARIETTA, tombant.
Ah!.. je suis morte!.. (Toutes deux le soutiennent ; au moment où le coup est parti, un autre a retenti dans le fond.)
THOMAS, ahuri.
Ah! mon Dieu!.. (Il pose son pistolet sur un fauteuil.)
POLYDORE, paraissant au fond, et parlant à quelques personnes.
Je vous dis que c'est le pistolet de l'orchestre. (Il descend. —

Les autres s'éloignent. — Apercevant Marietta à terre.) Qu'est-ce que vous faites donc là?.. (Badichon paraît.)
MARIETTA.
Je suis morte!..
NATHALIE, bas, à Polydore.
Pleurez donc, vous!...
POLYDORE, à part.
Ah bah!.. (Criant.) Ah! c'est horrible!..
THOMAS, désespéré.
Je... je l'ai tuée...
BADICHON, à Thomas.
Malheureux!..
MARIETTA, que l'on a placée sur un fauteuil.
Thomas... je voulais voir si tu m'aimais comme j'avais rêvé d'être aimée. — Cette preuve me suffit, je meurs contente!..
THOMAS.
Marietta!..
ESPÉRANCE, l'arrêtant.
N'approchez pas, Monsieur.
THOMAS, avec désespoir.
Ah! gueux! ah! chien!... ah! cré nom!
Tout à l'heure, mon... accident sera connu; qu'il fuie mon bien-aimé, tandis qu'il en est temps encore... qu'il s'en aille bien vite... et bien loin... c'est ma dernière volonté...
BADICHON, voulant l'entraîner.
C'est sacré cela... d'ailleurs, je pourrais être compromis.
THOMAS.
Mais...
ESPÉRANCE, tendant la main.
Nous nous chargerons des dernières... formalités...
THOMAS, cherchant quelques billets dans une énorme liasse.
Cré nom! cré nom!
ESPÉRANCE, escamotant tout le paquet, qu'elle passe à Marietta.
Ceci suffira...
BADICHON, entraînant Thomas.
Viens!.. viens!...
THOMAS.
Adieu, Marietta!
MARIETTA.
Adieu!... (Thomas Brouze et Badichon disparaissent par la porte à gauche premier plan.)
ESPÉRANCE, refermant la porte.
Ça y est.
MARIETTA.
Vive la liberté!..
TOUS.
Bravo!... (Ils se mettent à danser ; tout à coup, Thomas et Badichon reparaissent.)
BADICHON.
Nous nous sommes trompés d'escalier.
THOMAS, apercevant Marietta.
Ma femme!
MARIETTA, foudroyée et retombant sur son fauteuil.
Mon ours.
BADICHON, stupéfait.
Oh!...
ESPÉRANCE.
Mon singe!... (Thomas a repris le pistolet sur le fauteuil, l'a examiné, remis dans sa poche, puis il va lentement à Marietta.)
THOMAS.
Votre bras, Madame?..
MARIETTA, tremblante.
Où allons-nous?
THOMAS.
En Australie, aux Diggings.
MARIETTA.
Aux dings, dings !.. je suis pincée!..
BADICHON, même jeu, à Espérance, en lui offrant son bras.
Madame!..
ESPÉRANCE.
Où allons-nous?
BADICHON.
Au logis conjugal.
MARIETTA.
Espérance! nos beaux jours sont finis! (Thomas l'entraîne; ils sortent.)
ESPÉRANCE.
Parle pour toi, ma chère... (Elle échappe à son mari, et se sauve dans les bras de Polydore qui l'entraîne en valsant; ils disparaissent.)
BADICHON, la poursuivant.
Madame!.. (Il sort. — Un inspecteur du bal paraît au fond.)
L'INSPECTEUR.
Une tentative de meurtre vient d'avoir lieu, qu'on en garde

toutes les issues! — Que personne ne sorte! (Murmures. — Marie, pâle et se soutenant à peine, paraît à la porte du fond.)

## SCÈNE IX.

MARIE, seule, puis FRANCIS.

MARIE.

Que se passe-t-il donc? Ah! que m'importe!.. André ici! Il me suivait, je viens de lui échapper. Oh! s'il allait se rencontrer avec M. Thévenot! Oh! ce n'est pas vivre!... Mais Francis... que lui dirai-je pour le ramener au sentiment du devoir?.. Mon Dieu!... que faire? Où le trouver? (J'aperce- vant.) Ah!.. le voilà! c'est le ciel qui me l'envoie! (Elle court vers lui.)

FRANCIS, étonné.

Qui êtes-vous, Madame?

MARIE, à moitié folle et ôtant son masque.

Une femme qui vous demande grâce et pitié!

FRANCIS.

Marie!.. Eh! grand Dieu, que venez-vous faire ici?

MARIE.

Je viens vous implorer, Monsieur... Je viens vous dire : Ne perdez pas une pauvre femme qui souffre et qui pleure... ne la perdez pas, je vous le demande à genoux.

FRANCIS, la relevant.

Madame! (A part.) Mais que me disait donc cette femme?...

MARIE.

Vous ne me répondez pas?...

FRANCIS.

Que pourrais-je vous répondre?.. Je ne vous comprends pas... Vous perdre, moi? — J'ai pu souffrir cruellement de ne pas vous retrouver libre, mais je ne saurais m'expliquer ni vos larmes, ni vos terreurs.

MARIE.

Comment! votre intention n'est-elle pas, comme on me l'a dit, de vous servir de mes lettres pour troubler ma vie et celle d'André?

FRANCIS.

Moi? Et qui donc vous a dit, Madame, que Francis Thévenot fût capable d'une semblable infamie? (Comme frappé d'une inspiration soudaine.) Ah!.. la personne qui a dit cela... c'est une femme, n'est-ce pas? et elle se nomme Banco?..

MARIE.

Oui!..

FRANCIS.

Ah! je comprends tout alors!... Cette femme.... quelque chose me disait bien qu'elle accomplissait une œuvre de ven- geance.

MARIE.

Que voulez-vous dire?

FRANCIS.

Je veux dire qu'après m'avoir calomnié, cette femme vous calomniait à votre tour... Je veux dire, enfin, que c'est elle qui s'est chargée de vous rendre vos lettres.

MARIE.

Et André qui est dans ce bal... Ah!.. moi aussi, je com- prends tout... Nous sommes tombés dans un piége infâme... Mon Dieu! mon Dieu! (Elle faiblit.)

FRANCIS.

Mais ses forces l'abandonnent, et tout ce monde qui vient et qui peut la reconnaître. Ah! ce salon! (Il regarde.) Per- sonne!.. Venez, venez, Madame!.. (Il la conduit dans le salon.)

BANCO, paraissant au fond.

Ah!..

## SCÈNE X.

BANCO, au fond, POLYDORE, ANDRÉ, puis PIERRE.

POLYDORE, à André.

Décidément, tu quittes le bal?

ANDRÉ.

Oui, je pars...

POLYDORE.

Partons ensemble.

ANDRÉ.

Oui, partons...

BANCO, passant auprès d'André.

Tu as tort de partir si tôt, André Stévens.

ANDRÉ.

Mon nom!

BANCO, appuyant.

Tu devrais attendre encore; la place est bonne pour cela.

ANDRÉ.

Que voulez-vous dire?

BANCO.

Tu le sauras. (A part.) Allons, je n'espérais pas la partie si belle. (Elle sort.)

POLYDORE, à part.

C'est la voix de Banco!.. Quelque nouveau piége!.. Oh! je découvrirai... (Il sort.)

ANDRÉ.

Polydore! (Il va pour le suivre, lorsque Pierre l'appelle.)

PIERRE.

André! Mon parrain, enfin je vous trouve!

ANDRÉ, étonné.

Pierre!.. Quel air effaré!.. Que me veux-tu?.. Qui t'a dit que j'étais ici?

PIERRE, hésitant.

Mais ce papier que j'ai ramassé dans votre atelier, où j'étais allé vous chercher.

ANDRÉ, le lui arrachant.

Ce papier... (A part.) Il l'a lu! Que doit-il penser? (Haut.) Mais tu ne m'as pas dit ce qui t'amène.

PIERRE, avec embarras.

C'est qu'il s'est passé tant de choses depuis que vous avez quitté la maison, que je ne sais pas comment vous ap- prendre... Enfin, je commence par le commencement... Ah! maudit dîner!.. je m'étais endormi... je rêvais... je rêvais...

ANDRÉ.

Il ne s'agit pas de cela.

PIERRE.

C'est juste... Je rêvais donc, lorsque tout à coup le bruit de la sonnette me réveille en sursaut. C'était le père Valentin, le garde de Vincennes.

ANDRÉ.

Valentin, le mari de Marceline, la nourrice de mon fils?.. Que voulait-il, à cette heure de la nuit?

PIERRE.

Il venait comme ça, en toute hâte, vous dire que le pauvre petit avait été subitement atteint de la fièvre.

ANDRÉ.

Mon fils... mon fils malade!.. Tu l'as dit à ma femme?

PIERRE.

Mademoiselle Geneviève est partie sur l'heure pour Vin- cennes... et je vais la rejoindre.

ANDRÉ, vivement, le retenant.

Mais je te parle de Marie!

PIERRE.

Sans doute elle avait pris l'avance.

ANDRÉ.

Elle n'était donc pas chez nous?

PIERRE.

Non.

ANDRÉ.

Sortie... à cette heure... (En ce moment il aperçoit Francis qui sort du petit salon.) Lui! (Le poussant dehors.) Va toujours, je te suis. (Pierre sort.)

## SCÈNE XI.

ANDRÉ, FRANCIS.

FRANCIS, cherchant au fond, et apercevant un garçon.

Une voiture! à l'instant!

ANDRÉ.

Une voiture!

FRANCIS, surpris.

André!..

ANDRÉ, à part.

Mon Dieu! là-bas, gardez-moi mon enfant... moi je garde ici mon honneur... (A Francis.) Tu demandais une voiture?.. (Désignant le salon.) Quelqu'un... qui se trouve mal?

FRANCIS, se remettant, et vivement.

Non, j'étais seul.

ANDRÉ.

Et tu voulais déjà quitter le bal?

FRANCIS, vivement.

Oui... je partais.

ANDRÉ.

Que je ne te retienne pas!

FRANCIS, reprenant.

Je partais... parce que je n'avais personne à qui parler... Mais puisque je te rencontre, si tu veux, nous parcourrons le bal ensemble.

ANDRÉ, à part.

Il veut m'éloigner! Allons, c'est trop longtemps douter!..

(haut.) Merci; je déteste la foule... je me trouve bien ici... et même, pour causer intimement, nous serions infiniment mieux dans ce petit salon que tu viens de quitter.

FRANCIS, vivement.

C'est impossible!

ANDRÉ, feignant le mystère.

Il y a donc quelqu'un?

FRANCIS, avec effort.

Je t'ai dit qu'il n'y avait personne, et je ne comprends pas ton insistance.

ANDRÉ.

Mon insistance!.. En vérité, le mot est bizarre! N'est-ce pas toi qui m'as dit que tu venais au bal pour y retrouver une femme?

FRANCIS.

En admettant que j'aie commis une indiscrétion... ne me la fais pas regretter.

ANDRÉ.

Ah! tu vois bien qu'il y a quelqu'un?

FRANCIS.

Encore! (A part.) Quelle situation!

ANDRÉ.

Avoue-le donc! Je ne te trahirai pas auprès de mademoiselle Olympe; car, vois-tu, Francis, j'ai sur l'amitié et sur les devoirs qu'elle impose... des principes sévères, et celui qui viendrait à y manquer, je le tiendrais pour le dernier des lâches!... Qu'as-tu donc?

FRANCIS, froidement.

Moi... rien... et je pense comme toi!

ANDRÉ.

A la bonne heure!... Eh bien... vois pourtant jusqu'où la méchanceté peut aller... Il n'y a qu'un instant, on m'a remis un billet anonyme.

FRANCIS, regardant à gauche.

Ah! (A part.) Je tremble que Marie...

ANDRÉ, le suivant des yeux.

Tu m'écoutes, n'est-ce pas?

FRANCIS, distrait.

Certainement... tu parlais d'un billet...

ANDRÉ.

Dans ce billet, on n'a pas craint de flétrir l'ami que j'estime le plus, et la femme que j'aime le mieux au monde.

FRANCIS, vivement.

Ah! tu n'as pas cru...

ANDRÉ.

Eh bien, si; comme l'homme est faible pourtant!... En lisant ces lignes, le rouge m'a monté au visage... mon cœur a battu à se briser dans ma poitrine. J'ai oublié qu'un devoir m'appelait ailleurs... et quand je t'ai vu sortir de cette chambre... je n'en veux pas dire davantage... mais pardonne-moi, ami, et donne-moi la main.

FRANCIS, gravement.

Ami? Si par moi, André, tu entends un cœur dévoué, un cœur honnête, capable de tous les sacrifices... c'est le front haut et la conscience tranquille que je mets ma main dans la tienne! (Il lui donne la main.)

ANDRÉ, avec une ironie amère, écrasante.

Oui... en effet... ta contenance est calme, ton regard ne se baisse pas devant le mien, mais ta main tremble comme celle d'un voleur, et ton visage est pâle comme celui d'un homme qui vient de faire un faux serment!

FRANCIS, vivement.

Malheureux!... voilà un mot qui veut du sang!... Vous allez vous rétracter sur-le-champ, ou me suivre.

ANDRÉ.

Je comprends : un moyen pour m'éloigner d'ici, n'est-ce pas? Mais non, je reste. Oh! nous nous battrons, soyez tranquille, mais, auparavant,

FRANCIS, voulant l'empêcher d'entrer.

André!...

ANDRÉ.

Laissez-moi, Monsieur... l'amant doit faire place au mari. (Il entre vivement dans le salon.)

FRANCIS.

Oh! elle est perdue!

## SCÈNE XII.

FRANCIS, POLYDORE, MARIE, puis TOUT LE MONDE.

POLYDORE, à Francis.

Elle est sauvée! Un mot de Banco m'a tout appris. (Désignant une femme masquée.) Voilà Marie, je vais la reconduire chez elle. (Il rejoint Marie et va pour sortir.)

UN INSPECTEUR, barrant la porte.

On ne sort plus.

MARIE, à part.

Ciel! (Rumeurs dans le bal.)

ANDRÉ, reparaissant.

Vous aviez dit vrai, Francis, cette chambre est vide. (A part.) Mais personne n'a pu sortir du bal... et si la malheureuse est ici, oh! je la forcerai bien à se trahir.

L'INSPECTEUR.

Je vous dis qu'on ne sort plus!... (Rumeur plus fortes.)

ANDRÉ, s'avançant.

Eh quoi! Mesdames, vous voilà tout émues parce que le plaisir que vous êtes venues chercher ici se prolongera au delà de vos prévisions? Le jour qui va paraître vous effraye?... (A une des femmes.) Ah! je comprends vos craintes à vous, mon enfant, car vous êtes jeune; je le devine, vous aurez trompé la surveillance d'une mère, qui, tout à l'heure va s'éveiller... Oh! mais les mères sont indulgentes... (A une autre femme.) Ah! vous, Madame, je gagerais que ce n'est pas d'une mère que vous avez peur, mais d'un mari. (La femme fait un mouvement.) J'ai encore deviné... En ce cas, vous avez raison de trembler si c'est l'honneur d'un mari dont vous êtes venue faire ici un jouet pour un amant. Vous avez raison de trembler, non pour votre vie, car le mépris aura tué sa colère, et il vous laissera vivre; mais il fera de vous ce que l'on fait d'un dépositaire infidèle, il vous chassera de son foyer. (Mouvement de Marie.)

POLYDORE.

ANDRÉ, souriant.

Laisse donc, nous sommes au bal masqué. J'intrigue à ma manière. (Apercevant Marie.) Ah! cette femme qui déjà tout à l'heure en me voyant... (Il s'approche de Marie.)

MARIE, le voyant approcher, à part.

Ah! je me sens mourir!

ANDRÉ.

Beau domino, tu ne dis rien, mais on dirait que tu chancelles... Veux-tu mon bras?... Où te conduirai-je?... Est-ce près d'une mère?... d'un mari?... ou... d'un enfant? (Mouvement de Marie. — Vivement.) Ah! tu as un enfant, j'en suis sûr!. Tu as un enfant, et tu es ici, loin de son berceau?.. Mais qui te dit qu'en ce moment il n'appelle pas sa mère?... Car c'est leur mère que les enfants appellent quand ils ont peur ou quand ils souffrent... Mais tu ne songes donc pas que, pendant que tu es là, si un malheur arrivait, tu aurais dans ta vie un remords éternel?

MARIE, avec un cri.

Mon enfant!... (Mouvement général.)

ANDRÉ, avec éclat.

Enfin!... elle s'est trahie!

POLYDORE.

André!... vous êtes terrible et sans pitié!

ANDRÉ.

C'est Dieu qui est sans pitié pour les fautes des mères.

FRANCIS.

Dieu est juste... il ne condamne pas sans entendre... André, une dernière fois, et sur mon épée de soldat, je vous jure que Marie n'est pas coupable... Je vous le jure sur le souvenir de ma mère!

ANDRÉ.

Taisez-vous!... Il y avait autrefois un homme que j'appelais mon ami... demain je tuerai un parjure, ou il me tuera...

MARIE, suppliante et à genoux.

André! André! je suis innocente!

ANDRÉ, continuant plus bas.

Il y avait dans le monde une femme à qui j'avais donné mon âme et ma vie...

MARIE.

Grâce!... grâce!... je n'ai pas cessé d'être digne de toi...

ANDRÉ, froidement.

Qui donc êtes-vous?... je ne vous connais pas...

MARIE.

Je suis la Marie! la mère de ton enfant!

ANDRÉ.

Mon enfant n'a plus de mère!

MARIE, avec des sanglots.

Grâce!

ANDRÉ, la repoussant.

Je ne vous connais pas, vous dis-je! (Marie tombe en sanglotant dans les bras de Polydore. — Tableau.)

## ACTE QUATRIÈME

LA MAISON DU GARDE A VINCENNES.

Une salle basse; grande porte vitrée au fond ; une grande cheminée, premier plan, à droite; porte d'alcôve, deuxième plan ; fenêtre, premier plan, à gauche ; un grand fauteuil de cuir, table garnie de ce qu'il faut pour écrire ; chaises, buffet, armoire.

### SCÈNE PREMIÈRE.

MARCELINE, GENEVIÈVE.

(Au lever du rideau, la nourrice est assise devant la cheminée où flambe un bon feu; elle tient dans ses bras un tout petit enfant qu'elle berce. — Geneviève va et vient dans la chambre. — Une lampe éclaire la scène. — Petit jour dans la campagne.)

MARCELINE.
Il a donc fini par se taire, ce vilain chien !

GENEVIÈVE.
J'avais le cœur serré... car, voyez-vous, ma bonne Marceline, chez nous, quand les chiens hurlent près de la maison d'un malade, c'est mauvais signe.

MARCELINE, mettant la lampe sur la table.
Oh ! ne dites pas cela, Mam'selle; mon pauvre petit nourrisson que j'aime comme si c'était mon propre enfant, s'il me fallait le perdre, je ne m'en consolerais pas... Pauvre chérubin, va !.. (Elle l'embrasse.) Mam'selle Geneviève, ôtez un peu la lampe de là, s'il vous plaît : la lumière lui frappe en plein sur les yeux !

GENEVIÈVE, mettant la lampe sur la table.
Il ne peut donc pas dormir ?

MARCELINE.
Est-ce possible... avec la fièvre qu'il a ?..

GENEVIÈVE.
Mon Dieu ! la potion que le médecin a ordonnée devrait le calmer pourtant.

MARCELINE.
Ça viendra peut-être.

GENEVIÈVE.
Mon Dieu! que cette nuit est longue !

MARCELINE.
Aussi, comment se fait-il que vous soyez toute seule près du petit ?.. Où donc était le père... et la mère, quand mon homme est allé les prévenir ?

GENEVIÈVE, un peu embarrassée.
Ils n'étaient à la maison ni l'un ni l'autre... Sans cela... vous comprenez qu'ils seraient bien vite accourus... Ils aiment tant leur petit Jacques !.

### SCÈNE II.

LES MÊMES, PIERRE.

PIERRE, essoufflé.
Enfin, me v'là arrivé !..

GENEVIÈVE.
Eh bien, vous êtes seul ?

PIERRE.
Mais oui...

GENEVIÈVE.
Et André ?

PIERRE.
Il m'a dit qu'il serait ici aussitôt que moi... Mais moi j'ai tant couru...

GENEVIÈVE.
Je vous remercie.

PIERRE.
Oh ! il n'y a pas de quoi. C'est tout naturel, j'aime tant le petit ! (A part.) Et puis j'avais si peur!

GENEVIÈVE.
Et où donc avez-vous vu mon frère ?

PIERRE.
Mais à ce bal où j'étais allé le chercher... (Bas.) Vous vous souvenez bien de ce que disait ce billet?

GENEVIÈVE, vivement.
Oh ! c'était une odieuse calomnie, n'est-ce pas ?

PIERRE.
Oh ! bien sûr !.. Mais tout ce que je sais, c'est que, quand j'ai repassé à la maison, Marie n'avait pas encore reparu.

GENEVIÈVE.
C'est à n'y rien comprendre... Vous n'avez rien dit à André au moins ?

PIERRE.
Je ne lui ai dit qu'une chose, c'est que le petit était malade.

GENEVIÈVE.
Vous lui avez dit cela, et il n'est pas parti sur-le-champ ?

PIERRE.
Ah ! si vous croyez que c'est facile de sortir de ces endroits-là !.. D'abord, il y a trente-six portes et trente-six escaliers qui vous ramènent toujours au même endroit, c'est-à-dire au milieu des pierrots et des arlequines... (A part.) Oh ! les arlequines !.. quelles audacieuses ! Il y en a quatre qui m'ont embrassé de force; j'en ai mordu une... (S'approchant de Marceline.) Eh bien ! ce pauvre petiot... il ne se calme donc pas!... (Cherchant à faire rire l'enfant.) Voyons, on ne fait donc plus la risette à son bon ami Pierre? (Tristement.) Oh! il ne rit pas du tout... Au contraire... il a l'air de bien souffrir.

MARCELINE.
Ah ! ne m'en parlez pas; je tremble qu'une nouvelle crise ne me le laisse dans les bras.

### SCÈNE III.

LES MÊMES, ANDRÉ.

ANDRÉ, qui a entendu.
Il va donc plus mal ?.. A-t-on été chercher un médecin ?

GENEVIÈVE.
Oui; il a ordonné quelques calmants, et comme il avait affaire à Paris, il a dit... qu'il reviendrait ce soir.

ANDRÉ, très-agité.
Ce soir... ce soir ! mais d'ici à ce soir, mon enfant sera mort... Est-ce qu'il n'y a pas d'autres médecins par ici ?

MARCELINE.
Dame ! il y en a deux à Nogent.

ANDRÉ.
J'y vais.

MARCELINE.
Ne nous quittez pas, mon frère... S'il arrivait un malheur...

MARCELINE.
Et mon mari qui est de garde, quel guignon !

PIERRE, vivement.
Eh bien, et moi... je ne compte donc pas? Je suis donc un zéro ? un cinquième de roue ?

GENEVIÈVE.
Mais vous êtes déjà si fatigué !

PIERRE.
Si fatigué ?.. Mais je ne le suis pas la moitié du demi-quart de ce que je voudrais l'être pour vous rendre service à tous. Je pars.

MARCELINE.
Pour aller plus vite, prenez la Grise.

PIERRE.
En v'là un moyen !.. Je la connais, votre Grise... elle va à reculons... dans deux heures je serais à la Bastille... J'aime mieux mes jambes. Je suis pourtant bien fatigué, mais... c'est égal... ça ira tout de même.

ANDRÉ.
Comment te remercier !..

PIERRE.
Frère, c'est moi qui me chargerai de la récompense! si Pierre ramène un médecin, et que ce médecin sauve notre cher enfant, je promets...

PIERRE, vivement.
Oh ! n'achevez pas, n'achevez pas, Mam'selle, je n'aurais qu'à m'être trompé, qu'à avoir mal compris... j'en mourrais en route...

GENEVIÈVE, lui donnant la main.
Vous avez bien compris, Pierre.

PIERRE, joyeux.
Ah! Mam'selle ! Mam'selle !... je... je... je vais vous apporter les deux médecins... parce que je passe... (Il sort comme un fou.)

### SCÈNE IV.

ANDRÉ, GENEVIÈVE, MARCELINE.

ANDRÉ, à part.
Ah ! le ciel est impitoyable pour moi, tout m'accable à la fois ! Mon pauvre enfant !... Je n'avais plus que lui pour me faire supporter la vie... aussi, s'il m'était enlevé ?...

MARCELINE.
L'agitation redouble... Il faudrait lui faire boire la potion, Mam'selle.

GENEVIÈVE.
Oui; essayons.

ANDRÉ.
Va bien doucement, Geneviève.

GENEVIÈVE.
Ses petites mains me repoussent, il ne veut rien prendre...

ANDRÉ.
Attends, attends... (Il prend la potion et s'agenouille près de Marceline qui tient l'enfant.) Bois, mon cher petit, bois, ça te fera du bien; bois, je t'en supplie, je t'en supplie... Soulevez-le un peu, Marceline. Mais pas comme ça donc... là... Ah ! mon Dieu ! la respiration devient plus courte. (Criant.) Mais il va étouffer ! il va étouffer !

GENEVIÈVE, pleurant.
Jacques ! mon petit Jacques !...

ANDRÉ, à moitié fou.
De l'air... donnez-lui de l'air... la fenêtre... (Il court l'ouvrir.
— Geneviève et Marceline sont près de l'enfant.)

ANDRÉ.
Mon Dieu ! prenez pitié de nous !... et puisque je ne puis pas sauver la petite créature, moi, son père, que ce souffle d'air qui nous vient du ciel apporte à mon enfant la vie... la vie... Mon Dieu ! mon Dieu !... ne me prenez pas mon enfant ! ne me prenez pas mon enfant !

GENEVIÈVE, avec un cri de joie.
Frère, Dieu a exaucé ta prière... l'enfant s'est calmé tout à coup...

ANDRÉ, qui n'a pas encore versé une larme.
Il s'est calmé, dis-tu?... Oui... oui... Oh ! quel changement subit !.. Mais... mais il est donc sauvé?... il est donc sauvé?...
(André éclate en sanglots.)

GENEVIÈVE, pleurant, dans ses bras.
Mon bon frère !... (André la couvre de baisers convulsifs.)

MARCELINE.
Pauvre monsieur André ! son enfant est bien malade... ça me rappelle le jour où j'ai perdu le mien.

ANDRÉ, revenant.
Eh bien?

MARCELLINE, à part.
Ses yeux se ferment tout doucement... on dirait qu'il va dormir, si je le portais dans son berceau?

ANDRÉ, joyeux.
Oui, oui, c'est cela, vous avez raison... Allez... moi je reste ici ; au premier mouvement qu'il fera, vous m'appellerez.

MARCELINE.
Oui, monsieur André. (Marceline sort doucement par la droite ; André regarde l'horloge.)

## SCÈNE V.

ANDRÉ, GENEVIÈVE.

ANDRÉ, à part.
Deux heures encore avant ce duel. J'en profiterai pour écrire mes dernières volontés, dans le cas où... (Il va près de la table.)

GENEVIÈVE, à part.
Je n'ose pas lui parler de Marie. (Elle va pour rejoindre Marceline.)

ANDRÉ, la rappelant.
Geneviève !

GENEVIÈVE, revenant.
Frère... tu as à me parler?

ANDRÉ.
Oui, je veux que tu me fasses une promesse; mais avant, pardonne-moi si je te rappelle un des moments les plus douloureux de notre vie.

GENEVIÈVE.
André...

ANDRÉ, s'asseyant.
Te souviens-tu, Geneviève, de ce jour solennel où nous étions tous les deux agenouillés auprès du lit de notre père mourant?...

GENEVIÈVE.
Oui.

ANDRÉ.
Il prit ta petite main, et la plaça dans la mienne comme ceci... «Dans un instant, me dit-il d'une voix mourante, tu seras orphelin, elle sera orpheline... Toi, tu es un homme, remplace-moi auprès de l'enfant, auprès de Geneviève !... aime-la bien, veille bien sur elle...»

GENEVIÈVE.
Mon frère !

ANDRÉ.
Dis, petite sœur, ai-je bien rempli ma tâche? ai-je bien veillé sur le trésor qui m'avait été confié?... Le père me recommandait de bien t'aimer ; t'ai-je assez aimée, Geneviève ?

GENEVIÈVE.
Oh ! tu as été pour moi le meilleur et le plus tendre des frères !

ANDRÉ.
Eh bien, le moment est venu où tu peux t'acquitter envers moi, petite sœur... La promesse que tu as faite tout à l'heure à Pierre, dis-moi que tu la tiendras, que tu la tiendras quoi qu'il arrive... C'est un brave cœur, un honnête cœur, un bon ouvrier... avec lui, tu seras heureuse, et moi, je serai tranquille sur ton avenir !...

GENEVIÈVE.
André !..

ANDRÉ.
Promets-moi d'être la femme de Pierre.

GENEVIÈVE.
Je te le promets... Mais pourquoi donc me parles-tu ainsi?.. Il y a quelque chose dans le son de ta voix qui me fait mal... Tu me regardes, et je vois des larmes dans tes yeux.

ANDRÉ, avec émotion.
Enfant... je te regarde... parce que je trouve que tu ressembles à notre mère; et si je pleure, c'est que son souvenir m'a toujours fait pleurer...

GENEVIÈVE.
Mon frère !

ANDRÉ, avec effort, et se levant.
Ce n'est pas tout encore, et j'ai quelque chose de plus à te demander.... Écoute-moi sans m'interrompre, chère petite !.. Si Dieu, dans sa bonté infinie, nous conserve notre pauvre enfant.... eh bien, tu l'élèveras, tu l'aimeras comme s'il était le tien... (À part.) Pauvre petit !... orphelin aussi peut-être, et si jeune ! si jeune !...

GENEVIÈVE.
Mais, André, je ne te comprends pas... ne seras-tu pas là ?... et sa mère...

ANDRÉ, avec force.
Sa mère !... ne me parle jamais de sa mère.

GENEVIÈVE.
André, je ne sais pas ce que tu veux dire... j'ignore ce qui s'est passé... mais prends bien garde d'être injuste.

ANDRÉ.
Injuste ! Mais, pauvre petite, tu ne sais donc pas que je donnerais tout mon sang, seulement pour pouvoir douter...

GENEVIÈVE.
Douter... de quoi ?

ANDRÉ.
Ne me demande rien, ma sœur... ne m'interroge plus... Est-ce que tu pourrais comprendre toi, chaste fille, qu'il peut y avoir.... Non, non, ne parlons plus... ne parlons plus !.... Va, va près du pauvre enfant abandonné... c'est toi qui devras venir désormais quand il appellera sa mère.

GENEVIÈVE, suppliante.
Oh ! André...

ANDRÉ.
Va, va ! (Elle va pour sortir. Il la rappelle.) Geneviève !... (Il lui tend les bras ; elle s'y jette, puis sort ensuite.)

## SCÈNE VI.

ANDRÉ, seul. — Après un moment de silence.

Marie ! Marie !... En vérité, je me demande pourquoi je ne l'ai pas tuée. Est-ce la pitié qui a arrêté mon bras?... Non, c'est l'orgueil, orgueil stupide, de vouloir prouver que la honte d'une femme ne doit retomber que sur elle. (Après un temps, et avec une sorte de fièvre.) Mais que lui manquait-il donc à cette malheureuse ? Je l'avais réhabilitée à ses yeux comme aux yeux du monde... (Avec désespoir.) Dire qu'elle n'a de cesse de me souvenir de cela... quand je ne demandais qu'à l'oublier... Mais enfin, puisque rien ne l'a retenue, ni mon amour, ni le souvenir de son enfant... En vérité, c'est incompréhensible, c'est à devenir fou; car son enfant, elle l'aimait... autant que je l'aimais moi-même... Que de fois je l'ai vue l'embrasser avec frénésie, à ce point que je me disais que ce petit être qu'elle serrait sur son cœur avait ouvert un abîme entre le passé et le présent. Mon Dieu ! que je l'aimais !... (Avec une colère nouvelle.) Oui, je l'aimais autant que je la hais maintenant !.. Elle n'ose pas venir... peut-être même n'ose-t-elle pas rentrer là-bas... elle fait bien ! (Avec rage.) Elle est peut-être avec lui !.. Oh ! si Dieu est juste, je tuerai cet homme... Quant à elle, voilà quel sera son châtiment...Je la séparerai de son enfant. (Il s'assied et écrit.)

## SCÈNE VII.

ANDRÉ, MARIE.

MARIE, entrant par la porte du fond, pâle, égarée, et sans voir André.
Personne !... Ah ! j'avais peur que quelqu'un ne m'eût devancée... suivie... André m'a dit : « Mon enfant n'a plus de

mère ! » (Avec exaltation.) Oh ! j'ai bien compris ! mais cela, c'est trop !... et je saurai bien emporter mon trésor... (Elle veut se glisser dans la chambre à droite. André se retourne.)

ANDRÉ.

Elle !..

MARIE, terrifiée.

André !..

ANDRÉ, l'éloignant de l'alcôve.

Vous venez me braver jusqu'ici !

MARIE.

Vous braver, moi ?.. Mais ne voyez-vous pas que je n'ai plus ni force ni courage ?.. que je suis désespérée, mourante ?

ANDRÉ.

Mourante ? Vous voulez m'attendrir pour me tromper encore ?.. n'y comptez pas. (A mi-voix.) Tenez, croyez-moi, partez... allez-vous-en... Oh ! allez-vous-en ! car je ne répondrais pas d'être toujours maître de ma colère.

MARIE.

Oh ! vous pouvez me tuer, Monsieur, vous me ferez moins souffrir...

ANDRÉ, avec amertume.

Ah ! alors, c'est moi qui suis le bourreau, et vous, vous êtes la victime ?.. Allons, en voilà assez... décidément, que veniez-vous faire ici ?

MARIE.

Vous m'aviez menacée de m'enlever mon enfant, et j'étais venue... eh bien, oui, je venais pour le prendre.

ANDRÉ.

Vous veniez me le voler ?

MARIE.

Le voler ! Que dites-vous donc, le voler ? Mais je suis sa mère, cet enfant est à moi autant qu'à vous, je l'ai porté dans mon sein, je l'ai nourri de mon lait tant que j'ai pu !.. Mon enfant, mais c'est mon sang, ma vie, entendez-vous ? ma vie !

ANDRÉ.

Madame !..

MARIE.

Oh ! vous avez pu douter de mon amour pour vous... les apparences me condamnent ; mais mettre en doute mon amour de mère ! Oh ! vous y croirez, Monsieur, je vous forcerai bien d'y croire, quand je vous crierai avec mon cœur, avec mon âme : mon enfant, rendez-moi mon enfant !

ANDRÉ.

Je vous dis que vous ne le reverrez plus !

MARIE.

Ah ! prenez garde, vous ne savez pas ce que c'est qu'une mère...

ANDRÉ.

Si, je le sais... Une mère ? c'est l'ange visible qui veille sans relâche près du berceau... c'est la providence de l'enfant, c'est la sainte gardienne de l'honneur et du foyer domestique. Une mère ! mais, chez tous les êtres animés, ce mot signifie la même chose : amour, dévouement, sacrifice. Voilà, Madame, ce que c'est qu'une mère... Dites, dans ce portrait, vous reconnaissez-vous ?..

MARIE.

Vous pouvez m'insulter, (Comme une lionne.) mais je veux mon enfant, je le veux.

ANDRÉ.

Jamais...

MARIE.

Mais vous me rendez folle... mon Dieu ! (Changement de ton.) Voyons, André, c'est parce que tu me crois coupable ?

ANDRÉ, terrible.

C'est parce que vous sais infâme et parjure.

MARIE.

Tu ne penses pas ce que tu dis, c'est impossible !.. Si tu le croyais, tu m'aurais déjà tuée... Mais regarde-moi, mon André... est-ce qu'il n'y a pas dans mes yeux, sur mon front, quelque chose qui te dit que je ne te mens pas ?.. (Lui saisissant la tête malgré lui.) Tiens, je t'embrasse ; eh bien, est-ce que j'oserais t'embrasser si j'étais coupable ?

ANDRÉ, ému.

Marie !.. (Avec douleur.) Vous ne pouvez nier, cependant, que cet homme vous ait aimée ?

MARIE, avec une sorte de fièvre.

Eh bien, oui... il m'a aimée... c'est vrai... ne te fâche pas... Il ne me l'avait jamais dit... il me l'écrivait, voilà tout, et je répondais à ses lettres... voilà mon crime... J'étais libre alors, je ne te connaissais pas... (Riant et pleurant.) Maintenant, vois-tu ? c'est une méchante femme, c'est Ranco qui a fait tout le mal, car c'est elle qui est venue hier soir pour me dire que Francis ferait un coup de tête, que j'étais perdue si je ne repre-

nais pas mes lettres... Elle me poussa vers ce bal... J'étais folle de terreur... J'y arrivai, je ne sais comment... et en l'apercevant je compris le piège... C'était une vengeance de cette femme... que tu as repoussée... Tu as joliment bien fait, va... c'est celle-là qui n'était pas digne de toi...

ANDRÉ, froidement encore.

Eh bien ! admettons que tout ce que vous venez de me dire soit la vérité... où sont ces lettres qui, en justifiant le passé, doivent absoudre le présent ? Je ne vous demande que ces lettres.

MARIE, toute joyeuse.

Je te les donnerai... André... M. Thévenot est allé les redemander à cette femme... et il doit me les rapporter ici ; il me l'a promis.

ANDRÉ.

Et il a tenu parole, car le voici.

## SCÈNE VIII.

Les mêmes, FRANCIS.

MARIE, courant à Francis.

Enfin !.. Eh bien, ces lettres ? Donnez, mais donnez donc !..

FRANCIS.

Hélas ! Madame, cette misérable a poussé l'audace jusqu'à nier les avoir reçues !..

MARIE.

Grand Dieu !..

ANDRÉ.

Je devais m'y attendre !..

MARIE, à moitié folle.

Oh ! mais c'est donc comme une malédiction !.. André... (Il la repousse.) Il ne me croit pas, moi ; mais vous, Monsieur, dites-lui donc quelque chose ; dites-lui donc que je n'ai jamais été votre maîtresse.

FRANCIS.

Madame, je le lui ai juré sur mon épée de soldat et sur la mémoire de ma mère ; il a refusé de me croire.

MARIE.

Il a refusé !.. Eh bien, il me croira, moi, sur le serment que je vais lui faire... André ! je te jure que je ne suis pas coupable... André, je te le jure sur la vie de notre enfant...

ANDRÉ, épouvanté.

Tais-toi, malheureuse, tais-toi !

MARIE.

Je ne crains rien. Si je n'ai pas dit la vérité, que Dieu me le reprenne ; oui, que Dieu me le reprenne ! (Grand bruit dans la coulisse.)

GENEVIÈVE, appelant.

André ! viens vite ! viens vite !

ANDRÉ.

Mon Dieu ! (Il se précipite dans la chambre ; aussitôt on entend un cri horrible.)

MARIE.

Qu'y a-t-il donc ?

ANDRÉ, sortant.

Malheureuse ! Dieu t'a condamnée, ton enfant est mort.

MARIE.

Mort... Ah ! (Elle tombe. — Tableau.)

## ACTE CINQUIÈME

LE BOIS DE VINCENNES.

Un tas de bois pouvant servir de table, deux bancs de gazon ou troncs d'arbre renversés. — Demi-jour.

## SCÈNE PREMIÈRE.

ANDRÉ seul, il entre pâle et défait.

Personne encore... personne !... Pourtant, c'est bien ici le lieu où nous devons nous battre, et ce doit être l'heure ! (Il regarde sa montre.) Non, pas encore... je me suis trompé... mon cœur marche plus vite que le temps ! Attendons. (Il s'assied.) Attendre... c'est-à-dire penser... souffrir... (Après un temps.) Quel silence dans ce bois... pas le plus petit bruissement dans les arbres... le vent se tait... on dirait que les oiseaux n'osent pas chanter ce matin... le silence est partout... le silence et la mort... la mort... Eh quoi ! c'est donc fini !.. Mon pauvre enfant, lorsque je t'ai vu tout à l'heure, pâle et glacé dans ton berceau... c'était pour la dernière fois... Il ne me cherchera plus, mon enfant... il ne me sourira plus... il est mort, mon enfant... mon enfant !...et il faut que je m'incline... Non, ner, je n'ai pas mérité de souffrir ainsi... (Après un temps.) Oh ! c'est à donner le vertige... (Avec éclat.) Mais qu'il vienne donc cet homme, avant que le désespoir ait affaibli mon courage... avant que la douleur ait paralysé mon bras... qu'il vienne, avant que je ne sois fou !

## SCÈNE II.

ANDRÉ, PIERRE.

PIERRE.

Ah ! c'est vous, mon parrain, vous veniez au-devant de moi ?... Je n'ai pas été bien long pourtant, une heure à peine pour aller et revenir ; aussi j'ai joliment couru, allez ; malgré ça, je n'ai pas pu aller si vite que le médecin, car il est parti à cheval, et il doit même être arrivé.

ANDRÉ.

Le médecin ? Il est trop tard.

PIERRE.

Trop tard !... Ah ! mon Dieu ! Est-ce que le petit, notre petit Jacques... (André s'incline sur son épaule en sanglotant.) Mon Dieu ! mon Dieu ! c'était un petit ange, le bon Dieu a voulu le ravoir près de lui.

ANDRÉ.

Mon pauvre Pierre, je suis bien malheureux !

PIERRE.

Et moi, donc ! Ne croyez pas que si je dis ça, c'est rapport à ce que mademoiselle Geneviève m'avait dit qu'elle serait ma femme si... Non... je l'aimais ce petiot... je renoncerais sans hésiter à tout bonheur en ce monde s'il vous était rendu. Ah ! bon ! je veux vous consoler, et je vous fais pleurer... que ça me déchire... André... un homme ne doit pas pleurer... un homme ne doit pas... (Il sanglote.)

ANDRÉ.

Un homme ne doit pas pleurer... Mais alors pourquoi Dieu lui a-t-il donné un cœur pour sentir la souffrance et des larmes pour l'exprimer, puisque ses yeux doivent rester secs et son visage être toujours de marbre... Allons, calme-toi, ma douleur... oublie ton désespoir, pauvre père, et qu'à cette place que tu as arrosée de tes pleurs, il ne reste plus qu'un homme outragé dans son honneur !

PIERRE.

Mon parrain... mon parrain, calmez-vous... je vous en prie. (On entend sonner six heures.)

ANDRÉ, écoutant.

Oui, tu as raison... j'ai besoin d'être calme... car voilà six heures, il ne faut pas que ma main tremble.

PIERRE.

Que voulez-vous dire ? qu'y a-t-il donc ?

ANDRÉ.

Il y a... que j'attends ici M. Francis Thévenot.

PIERRE.

Lui ?... Comme vous dites ça.

ANDRÉ.

Lui... qui, lorsque je marchais heureux et confiant dans une route nouvelle, les yeux fixés vers l'avenir, m'a forcé de me souvenir du passé... Aussi, je le hais... et je le tuerai.

PIERRE, effrayé.

Un duel ?.. vous allez vous battre ? Mon Dieu !... mon Dieu !... André... ça ne se peut pas... vous n'êtes pas seul sur la terre... Mais que deviendrait votre sœur... s'il vous arrivait malheur ?...

ANDRÉ.

S'il m'arrivait malheur, comme tu dis, Pierre... eh bien, tu seras là... toi... tu deviendras son mari... elle me l'a promis... Alors vous retournerez ensemble au pays, dans la maison de mon père... ah... que je n'aurais jamais dû quitter... vous laboureriez le champ qui lui suffisait et qui pourra vous suffire, même quand le ciel vous aura donné un petit être en échange de celui qu'il vous a repris... Voilà ce que tu feras, mon ami, s'il m'arrive malheur !... Écoute... on entend marcher... je crois... (Allant au fond.) Oui... oui... ce sont eux...

PIERRE.

Seigneur... un duel... ils vont se battre !...

## SCÈNE III.

LES MÊMES, OSCAR, UN TÉMOIN, puis FRANCIS et DEUX OFFICIERS.

OSCAR, à André.

Monsieur Stévens, vous devez être étonné de me voir ici quand c'est M. Polydore que vous attendiez. Mais il est retenu à Paris pour une affaire qui vous intéresse, m'a-t-il dit, et nous nous trouverons très-honorés, monsieur et moi, si, à défaut de votre ami et sur sa demande, vous nous acceptez pour vos témoins.

ANDRÉ.

Messieurs... je vous remercie et j'accepte votre offre. (Oscar et le jeune homme vont vers les deux officiers, tous quatre posent à voix basse les conditions du combat.)

PIERRE.

Je n'ai pas une goutte de sang dans les veines... Ils parlent tout bas... qu'est-ce qu'ils peuvent se dire ? (Il se rapproche du groupe.) Si je pouvais entendre !...

FRANCIS, qui est descendu près d'André.

André... je sais qu'il n'est pas d'usage, qu'une fois sur le terrain, deux adversaires s'adressent la parole... mais n'importe, André, il faut que je te parle une dernière fois... je veux te crier encore : Marie est innocente... Marie...

ANDRÉ.

Plus un mot là-dessus !.. et surtout ne prononcez pas ce nom ; en passant par votre bouche, il chasse de mon cœur toute pitié pour celle que Dieu a si cruellement frappée.

FRANCIS.

Ta générosité n'est que de la justice !...

ANDRÉ.

Encore ?

FRANCIS, avec force.

Encore, toujours, je te répéterai....

ANDRÉ, l'interrompant avec insolence.

Ah çà ! monsieur Thévenot, vous êtes brave, m'a-t-on dit, à votre régiment ; seriez-vous de ceux à qui il faut, pour affronter le péril sans trembler, le bruit de la bataille et la fumée de la poudre ?... Ici, où la mort n'est pas cachée sous le manteau de la gloire, est-ce que par hasard votre courage faiblirait ? Dieu me damne ! mais à vous voir pâle et suppliant, on croirait que vous avez peur !...

FRANCIS.

André !... Je suis prêt à me battre...

ANDRÉ.

Allons donc !

FRANCIS.

Mais que tu dois souffrir pour me parler ainsi !...

ANDRÉ.

Oui !.. je souffre. Vous comprenez bien qu'on n'arrache pas impunément de son cœur une amitié d'enfance et une confiance sans bornes... Ah ! je vous aimais... je vous aimais comme un frère... aujourd'hui je vous hais... Et moi qui ne fais pas de faux serments, je jure que votre sang ou le mien rougira le sable de ces allées...

FRANCIS.

André !... je suis prêt, je te l'ai dit... mais que Dieu t'épargne un remords éternel.

PIERRE, qui a fini par entendre ce que disent les témoins.

Qu'est-ce que vous dites ?... le pistolet... à trente pas pas chacun l'un vers l'autre !... Et vous arrangez tout quillement, comme une partie à ânes !.. Mais vous des vampires altérés de sang ? des assassins déguisés nôtes hommes ?

ANDRÉ.

Pierre... éloigne-toi !...

PIERRE.

Vous abandonner au moment où... Mon parrain... ne me demandez pas ça... j'ai de la force !... je recevrai le coup qui vous est destiné, et vous direz à mademoiselle Geneviève...

ANDRÉ.

Mon pauvre ami !.. Tu oublies donc ta promesse ? Allons, éloigne-toi, je le veux...

PIERRE.

Eh bien ! oui, là !... J'obéis, puisque je ne puis rien pour vous... (A part, achevant sa pensée.) D'autres le pourront peut-être ; j'ai mon idée et encore un peu de jambes... (Il se sauve. — Pendant cette petite scène, deux témoins ont mesuré les distances, les deux autres ont chargé les armes. Trois coups sont frappés dans la main, puis on entend deux détonations successives. Francis a tiré en l'air.)

ANDRÉ.

Que faites-vous, Monsieur ?..

FRANCIS.

J'use de mon droit.

ANDRÉ.

C'est une offense de plus... C'est donc pour cela que vous aviez choisi cette arme. Eh bien, à mon tour, à moi, d'en choisir une autre ! (Aux officiers.) Les épées, Messieurs... les épées !...

FRANCIS.

André !...

ANDRÉ.

Vous vouliez me faire grâce de la vie ?... C'est de l'honneur qu'il fallait me faire grâce. (On leur donne des épées.)

**ANDRÉ.**

En garde, Francis Thévenot!... en garde!... (Ils commencent à se battre. Francis ne fait que parer les coups.) Mais défendez-vous donc!.. (Mouvement d'affirmation des témoins.)

### SCÈNE IV.

LES MÊMES, MARIE, accourant, pâle, éperdue.

MARIE, les apercevant.

Les voilà!... (s'élançant vers eux et se précipitant entre les épées.) Arrêtez!... arrêtez!... Ce duel est impossible! ce duel est impie, entendez-vous, impie!...

**ANDRÉ.**

Retirez-vous, Madame!..

**MARIE.**

Non, vous dis-je!... S'il faut du sang à vos épées... prenez le mien... prenez-le jusqu'à la dernière goutte... mais ne vous battez pas!... Dieu ne le veut pas... Dieu, le juge suprême, Dieu l'arbitre infaillible!... Je lui ai dit : « Seigneur, Dieu de justice, si je suis innocente, laissez-moi mon enfant!... » Tout le monde disait : « Il est mort... » Moi je savais bien que c'était impossible... Alors, je l'ai pris dans son berceau, je l'ai réchauffé sur mon cœur, j'ai ramené sur ses lèvres le souffle de la vie... Je lui ai dit : « Réveille-toi, mon enfant!... et il s'est réveillé... et il a souri à sa pauvre mère qui pleurait... (En délire.) Il ne faut plus pleurer, André, notre enfant est vivant... il nous attend... il l'appelle... viens!..

**ANDRÉ.**

Grand Dieu!... ces paroles incohérentes... J'entrevois un nouveau malheur... sa raison...

FRANCIS, à mi-voix.

Folle!... Ah! c'est affreux!...

ANDRÉ, au comble de l'exaspération.

C'est affreux, n'est-ce pas?... Eh bien, Francis Thévenot, c'est encore ton ouvrage!... (Aux témoins.) Messieurs, emmenez la pauvre mère!... emmenez-la!... Vous voyez bien qu'il faut que je tue cet homme...

MARIE, s'échappant des bras des témoins.

Laissez-moi!.. laissez-moi!... (Courant à André.) André, est-ce donc ainsi que tu rends grâces à Dieu de sa bonté divine?... Il a sauvé ton enfant et tu songes encore à te venger?...

**ANDRÉ.**

Marie... Oh! mais, prends garde à tes paroles... Reviens à toi, Marie... rappelle ta raison!... Tes discours insensés font revivre en moi un espoir... un espoir qui, s'il était déçu, me tuerait!...

MARIE, avec un cri.

Mon Dieu! il me croit folle!... il me croit folle!..

### SCÈNE V.

LES MÊMES, POLYDORE, entrant amené par PIERRE et GENEVIÈVE.

GENEVIÈVE, vivement à André.

Tout ce qu'elle t'a dit est vrai, André... Nos pauvres cœurs, désolés tout à l'heure sont pleins de joie maintenant... (Lui sautant au cou.) Ah! mon cher frère, ton petit bien-aimé est rendu à notre tendresse; le médecin répond de ses jours... Tu comprends ce que je te dis, n'est-ce pas?...

**ANDRÉ.**

Mon... mon enfant!... Vous ne me trompez pas, n'est-ce pas?... je ne suis pas le jouet d'un rêve?

PIERRE, doucement et joyeux.

Vous ne rêvez pas, mon parrain.

POLYDORE.

C'est la vérité, André.

ANDRÉ, tombant à genoux.

Mon enfant est sauvé!.. mon Dieu! mon Dieu!.. (Se relevant.) Ah! Marie...

POLYDORE, l'arrêtant.

Un instant!... il ne faut pas qu'entre tes lèvres et le front de Marie il puisse jamais se glisser même l'ombre d'un soupçon... Voici les lettres.

ANDRÉ, les regardant.

Ces lettres!...

FRANCIS.

Tu ne les lis pas?...

ANDRÉ.

Les lire!.. Eh! que pourront me dire ces voix de la terre quand la voix de Dieu a parlé!.. (Il déchire les lettres; puis s'adressant à Francis.) Je l'ai méconnu, Francis .. je t'ai insulté... je te dois une réparation!.. Francis, je ne t'offre plus de nous battre... je tends mes deux mains à mon frère. (Ils se serrent la main avec effusion. — Après un temps, André regarde Marie.) Marie, je t'ai fait bien souffrir aussi... c'est à genoux que je te demande pardon!..

MARIE.

Que dis-tu, mon André?.. Je n'ai qu'à te bénir... Comme le Seigneur, tu m'as tendu la main!.. C'est ton amour qui m'a régénérée... Je suis ta servante, André... (Elle s'incline devant lui.)

ANDRÉ, la relevant.

Tu es la mère de mon enfant... je l'aime

GENEVIÈVE, à Pierre.

Pierre, je suis prête à tenir ma parole.

PIERRE, l'embrassant

Ah! ça y est!

FIN

www.ingramcontent.com/pod-product-compliance
Lightning Source LLC
Chambersburg PA
CBHW060453050426
42451CB00014B/3307